Himmelrike

II

Og de tolv portene var tolv perler;
hver av portene var en enkelt perle;
og byens gate var av rent gull,
akkurat som klart glass.

(Johannes åpenbaring 21:21)

Himmelrike
II

Fyllt med Guds Ære

Dr. Jaerock Lee

Himmelrike II av Dr. Jaerock Lee
Utgitt av Urim Bøkene (Representant: Seongnam Vin)
73, Yeouidaebang-ro 22-gil, Dongjak-gu, Seoul, Korea
www.urimbooks.com

Alle rettigheter forbeholdt. Denne boken og deler av den kan ikke bli kopiert i noen som helst form, oppbevart i et oppbevaringssystem, eller overført i noen som helst form eller på noen som helst måte, elektronisk, mekanisk, fotokopi, innspilt eller på noen annen måte uten skriftlig tillatelse fra forlaget.

Copyright © 2017 av Dr. Jaerock Lee
ISBN: 979-11-263-0262-8 04230
ISBN: 979-11-263-0031-0 (set)
Oversettelses Copyright © 2009 av Dr. Esther K. Chung. Brukt ved tillatelse.

Tidligere utgitt i Korea i 2002 av Urim Bøkene i Seoul, Korea.

Først Utgitt i mars 2017

Redigert av Dr. Geumsun Vin
Planlagt av Urim Bøkenes Redigerings Byrå
Utskrevet av Prione Trykkeri
For mer informasjon, henvend deg til: urimbook@hotmail.com

Forord

Å be om at du kan bli Guds sanne barn og om å kunne dele den virkelige kjærligheten i den evige lykken og gleden i det nye Jerusalem, hvor det er overflod av Guds kjærlighet...

Jeg gir all takknemligheten og æren til Gud Faderen, som har helt klart og tydelig vist meg livet i himmelen, og velsignet oss med å kunne utgi *Himmelrike I: Så Klart og Vakkert som Krystall*, og nå *Himmelrike II: Fyllt med Guds Ære*.

Jeg hadde lengtet etter å finne ut om himmelrike i detaljer, og fortsatte med å be og faste. Etter syv år, svarte Gud endelig på mine bønner og i dag, avslører Han dypere hemmeligheter angående det åndelige rike.

I den første av den todelte *Himmelrike* serien, inntroduserte jeg kort om de forskjellige bostedene i himmelen, kategoriserte dem inn til Paradiset, det Første Kongerike, det Andre Kongerike, det Tredje Kongerike, og det nye Jerusalem. Den andre boken vil utforske litt mere detaljert om det vakreste og vidunderligste stedet av alle bostedene i himmelen, det nye Jerusalem.

Kjærlighetens Gud viste det nye Jerusalem til apostelen Johannes og tillot ham å skrive det ned i Bibelen. I dag som Jesu ankomst er bare mye nærmere, gir Gud ut den Hellige Ånd til mangfoldige mennesker og åpenbarer om himmelen i de største detaljer. Dette er så de ikke troende over hele verdenen vil kunne tro på livet etter døden, som inneholder himmelrike og helvete, og at de som tilstår deres tro på Kristus vil lede seirende liv i Ham og vil anstrenge seg for å spre evangeliet rundt hele jordkloden.

Det er derfor apostelen Paulus, som tok ansvaret for å spre evangeliet til hedningene, bebreidet hans åndelige sønn Timoteus, ved å si, *"Men vær du edru i alle ting, lid ondt, gjør en evangelists gjerning, fullfør din tjeneste"* (Paulus' 2. brev til Timoteus 4:5).

Gud avslørte for meg veldig tydelig om himmelen og helvete, slik at jeg ville spre det rundt til alle årsgrupper rundt til alle verdens fire hjørner. Gud vil at alle mennesker skal motta frelse; Han vil ikke at en eneste sjel skal falle inn i helvete. Og hva mere

Forord

er, vil Gud at så mange mennesker som mulig skal komme inn i og bo for evig i det nye Jerusalem. Derfor burde ingen dømme eller fordømme disse beskjedene som er gitt av Gud gjennom inspirasjonen til den Hellige Ånd.

I *Himmelrike II* vil du finne en god del hemmeligheter vedrørende himmelrike, som for eksempel Guds utseende som har eksistert før tidens begynnelse, Guds trone, og lignende. Jeg tror at slike detaljer og forklaringer vil gi alle disse menneskene som virkelig vil komme til himmelen, utrolig mye glede og lykke.

Byen det nye Jerusalem, bygget av en veldig mektig kjærlighet og Guds utrolige makt, er fyllt med Hans ære. I det nye Jerusalem finnes den åndelige toppkonferansen hvor Gud formerte seg selv til treenigheten for å kunne utføre den menneskelige oppdragelsen, og selve tronen til Gud. Kan du forestille deg hvor praktfullt, vakkert, og gledesstrålende hele stedet ville ha vært? Det er slik et fantastisk og hellig sted at ingen menneskelig kunnskap kan noensinne forestille seg det!

Derfor må du innse at det nye Jerusalem ikke blir belønnet til alle de som mottar frelse. Istedenfor er det bare gitt til de av Guds barn som har et hjerte, etter at de i lang tid har blitt oppdratt i denne verdenen, som har blitt like rent og klart som krystall.

Jeg gir en spesiell takk til Geumsun Vin, Direktøren for Redaksjonsbyrået og de ansatte, og Oversettingsbyrået i denne boken.

Jeg velsigner i Herrens navn om at alle de som leser denne boken må bli Guds sanne barn og dele den virkelige kjærlighet med evig lykke og glede i det nye Jerusalem som er fyllt med Guds ære!

Jaerock Lee

Innledning

Jeg håper at du vil bli velsignet når du finner ut i de tydeligste detaljer om det nye Jerusalem, og at du vil leve i all evighet så nærme Guds trone i himmelen som mulig...

Jeg gir all takknemligheten og æren til Gud, som har velsignet oss til å kunne utgi *Himmelrike I: Så Klart og Vakkert som Krystall,* og nå dens fortsettelse, *Himmelrike II: Fyllt med Guds Ære.*

Denne boken inneholder ni kapitler, som alle gir en klar beskrivelse av det helligste og vakreste bostedet i himmelen, det nye Jerusalem, i forhold til dens størrelse, glans, og livet deri.

1. kapittel, "Det Nye Jerusalem: Fyllt med Guds Ære," danner en oversikt over det nye Jerusalem og forklarer om slike hemmeligheter som Guds trone og toppkonferansen til det åndelige rike, hvor Gud gjorde seg selv til selve treenigheten.

2. kapittel, "Navnene til de Tolv Folkestammene og de Tolv Apostlene," forklarer om det ytre utseende av Byen nye Jerusalem. Den er omringet av høye og uhyre store vegger, og navnene til de Tolv Stammene i Israel er gravert inn på Byens tolv porter på alle fire sidene. På de tolv grunnvollene til Byen er navnene til de Tolv Apostlene, og grunnen og betydningen til hver inngravering vil bli gjort klarere.

I 3. kapittel, "Størrelsen av det Nye Jerusalem," vil du oppdage utseende og betydningen av det nye Jerusalem. Dette kapittelet forklarer hvorfor Gud måler størrelsen til det nye Jerusalem med gull siv, og for å kunne komme inn til og kunne bo i denne Byen, må en ha alle de relevante åndelige kvalifikasjonene, som er målt av det gyldne sivet.

4. kapittel, "Laget av Rent Gull og Juveler i Alle Slags Farver," forklarer i detaljer om hver enkelt materiale som er brukt i bygging av Byen det nye Jerusalem. Hele Byen er dekorert med rent gull og andre dyrebare stener, og kapittelet beskriver skjønnheten av farvene, glitteret, og lysene deres. Videre, ved å forklare grunnen til at Gud pyntet veggene i Byen med jaspis og hele det nye Jerusalem med rent gull, som er like klart som glass,

Innledning

diskuterer kapittelet også betydningen med åndelig tro.

I 5. kapittel, "Betydningen av de Tolv Grunnmurene," vil du lære om veggene til det nye Jerusalem, som var bygget på tolv grunnvolder, og skjønnheten og den åndelige betydningen med jaspis, safir, kalsedon; smaragd, sardonyks; karneol, krysolitt, beryll, topas, krysopras, hyasint, og ametyst. Når du tilføyer den åndelige betydningen av hver av de tolv juvelene, vil du se hjerte til Jesus Kristus og Guds hjerte. Kapittelet oppfordrer deg til å fullføre hjertene som symboliserer de tolv juvelene, slik at du kan komme inn til og bo i all evighet i Byen nye Jerusalem.

6. kapittel, "De Tolv Perleportene og den Gyldne Gaten," forklarer om grunnen og den åndelige betydningen til at Gud laget de tolv portene av perler, likesom den åndelige meningen med den gyldne gaten som er like klar som glass. Akkurat som et skjell som produserer en vakker perle etter at den lider mye smerter, vil kapittelet oppfordre deg til å forte deg imot de Tolv Portene med Perler i det nye Jerusalem ved å overvinne alle slags vanskeligheter og prøver med troen og håpet.

7. kapittel, "Det Sjarmerende Synet," viser deg inne i byen det

nye Jerusalems vegger som alltid skinner klart. Du vil lære om den åndelige betydningen med frasen, "Gud og Lammet er dens tempel," størrelsen og skjønnheten med slottet hvor Herren bor, og æren til folket som kommer inn til det nye Jerusalem for å være hos Herren i all evighet.

8. kapittel, "Jeg Så den Hellige Byen, det Nye Jerusalem," viser deg huset til en individ, blandt mange som har levet trofaste og hellige liv her på jorden, og som også vil få store belønninger i himmelen. Du vil få et glimt av de lykkelige dagene som du kan vente deg i det nye Jerusalem ved å lese om de forskjellige størrelsene og skjønnheten til de himmelske husene, mange forskjellige slags bygninger, og i det hele livet i himmelen.

Det niende og siste kapittelet, "Den Første Festmiddagen i det Nye Jerusalem," viser deg den første festmiddagen som vil bli holdt i det nye Jerusalem etter Dommedagen til den Store Hvite Tronen. Med presentasjonen av noen av troens forfedre som bor nærme Guds trone, *Himmelrike II* avslutter med å velsigne hver leser til å ha et hjerte som er like rent og klart som krystall slik at han/henne kan bo næmere Guds trone i det nye Jerusalem.

Innledning

Jo mere du lærer om himmelrike, jo vidunderligere blir det nye Jerusalem, som kan bli sett på som "kjernen" til himmelrike, og hvor du vil finne Guds trone. Hvis du vet om skjønnheten og æren til det nye Jerusalem, vil du med sikkerhet og veldig intenst, ha håp om himmelen, og bli klarsinnet angående ditt liv med Kristus.

Tiden til Jesus tilbakekomst, hvor Han vil ha gjort ferdig bostedene i himmelen for oss, er i dag kommet mye nærmere, med *Himmelrike II: Fyllt med Guds Ære* håper jeg at også du vil gjøre deg klar til det evige liv.

Jeg ber i Herren Jesus Kristus navn at du vil kunne bo nærme Guds trone ved å renvaske deg selv med det inderlige håpet om livet i det nye Jerusalem og bli trofaste i alle dine gjerninger som Gud har gitt deg.

Geumsun Vin,
Direktøren for Redaksjonsbyrået

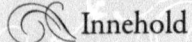
Innehold

Forord

Innledning

1. kapittel **Det Nye Jerusalem: Fyllt med Guds Ære • 1**

    1. Guds Trone Ligger i det Nye Jerusalem
    2. Guds originale trone
    3. Lammets Brud
    4. Skinnende som Blanke Juveler og Klare som Krystall

2. kapittel **Navnene til de Tolv Folkestammene og de Tolv Apostlene • 15**

    1. Tolv Engler Vokter Portene
    2. Navnene til de Tolv Stammene i Israel er Gravert på de Tolv Portene
    3. Navnene til de Tolv Disiplene som er Gravert på de Tolv Grunnmurene

3. kapittel **Størrelsen av det Nye Jerusalem • 35**

    1. Målt med Gyldne Strå
    2. Det Nye Jerusalem Utformet som en Terning

4. kapittel **Laget av Rent Gull og Juveler i Alle Slags Farver • 45**

    1. Pyntet Med Rent Gull og Alle Slags Juveler
    2. Veggene i Det Nye Jerusalem er Laget av Jaspis
    3. Laget av Rent Gull og er like Gjennomsiktig som Klart Glass

5. *kapittel* **Betydningen av de Tolv Grunnmurene** • 57

    1. Jaspis: Åndelig Tro
    2. Safir: Hederlighet og Integritet
    3. Kalsedon: Uskyldighet og Kjærlighetsoffer
    4. Smaragd: Rettferdighet og Renhet
    5. Sardonyks: Åndelig Trofasthet
    6. Karneol: Lidenskapelig Kjærlighet
    7. Krysolitt: Barmhjertighet
    8. Beryl: Tålmodighet
    9. Topas: Åndelig Godhet
    10. Krysopras: Selvbeherskelse
    11. Hyasint: Renhet og Hellighet
    12. Ametyst: Skjønnhet og Ydmykhet

6. *kapittel* **De Tolv Perleportene og den Gyldne Gaten** • 105

    1. De Tolv Perleportene
    2. Gater Laget av Rent Gull

7. *kapittel* **Det Sjarmerende Synet** • 121

    1. Ingen Behov for Solskinnet eller Måneskinnet
    2. Begeistringen for Det Nye Jerusalem
    3. I All Evighet med Herren Vår Brudgom
    4. Æren til Det Nye Jerusalems Beboere

8. *kapittel* **"Jeg Så den Hellige Byen, det Nye Jerusalem"** • 147

    1. Himmelske Huser i Utrolige Størrelser
    2. Et Praktfult Slott Med Fullstendig Uforstyrrethet
    3. Sightseeing Steder i Himmelen

9. *kapittel* **Den Første Festmiddagen i det Nye Jerusalem** • 179

    1. Den Første Festmiddagen i det Nye Jerusalem
    2. Profetene i Himmelen som var i Gruppens Første Rekke
    3. Vakre Kvinner i Guds øyne
    4. Marie Magdalena Holder Seg Nærme Guds Trone

1. kapittel

Det Nye Jerusalem: Fyllt med Guds Ære

1. Guds Trone Ligger i det Nye Jerusalem
2. Guds originale trone
3. Lammets Brud
4. Skinnende som Blanke Juveler og Klare som Krystall

*"Og han førte meg i ånden bort
på et stort og høyt fjell,
og viste meg den hellige stad Jerusalem,
som steg ned av himmelen fra Gud;
den hadde Guds herlighet,
og dens lys var som dens kosteligste sten,
som krystallklar jaspis."*

- Johannes' åpenbaring 21:10-11 -

Himmelrike er et rike i den fire dimensjonelle verdenen, styret av selve Guds kjærlighet og rettferdighet. Selv om det ikke er synlig til det blotte øyet, eksisterer himmelen med sikkerhet. Hvor mye lykke, glede, takknemlighet, og ære ville overflyte i himmelen siden det er den beste gaven som Gud har laget for Hans barn som har mottat frelse?

Men fremdeles er det forskjellige bosteder i himmelen. Det er det nye Jerusalem hvor Guds trone befinner seg, og det er også Paradiset hvor mennesker som knapt har blitt frelst bor i all evighet. Akkurat som livet i en liten hytte og livet i en konges slott er veldig forskjellig selv her på jorden, er det mye forskjell på æren mellom å komme inn til Paradiset og å komme inn til det nye Jerusalem.

Men allikevel er det noen troende som anser "himmelrike" og "det nye Jerusalem" det samme, og noen av dem vet ikke engang at det nye Jerusalem eksisterer. Hvor ynkelig er ikke dette! Det er ikke lett å ha himmelrike selv om du kjenner til det. Hvordan kan en så bli forfremmet til det nye Jerusalem hvis en ikke kjenner noe til det?

Derfor avslørte Gud det nye Jerusalem til apostelen Johannes og lot han skrive om det i detaljer i Bibelen. Johannes' åpenbaring 21 forklarer grundig om det nye Jerusalem, og Johannes ble rørt bare ved å se på yttersiden av det.

Han tilsto i Johannes' åpenbaring 21:10-11, *"Og han førte meg i ånden bort på et stort og høyt fjell, og viste meg den hellige stad Jerusalem, som steg ned av himmelen fra Gud; den hadde Guds herlighet, og dens lys var som den kosteligste sten, som krystallklar jaspis."*

Hvorfor er så det nye Jerusalem full av Guds ære?

1. Guds Trone Ligger i det Nye Jerusalem

Guds Trone Ligger i det nye Jerusalem. Hvor full av Guds ære ville ikke det nye Jerusalem bli siden Gud selv bodde der?

Derfor kan du se at mennesker gir ære, takknemlighet, og ærbødighet til Gud dag og natt i Johannes' åpenbaring 4:8: *"Og de fire livsvesener har, hvert især av dem, seks vinger; rundt omkring og innenfor er de fulle av øyne; og de holder ikke opp dag eller natt med å si: 'Hellig, hellig, hellig er Herren Gud, den allmektige, han som var og som er og som kommer!'"*

Det nye Jerusalem er også kalt den "Hellige Byen" fordi den er laget på ny med Guds Ord, som er sannferdig, uklanderlig, og selve lyset uten å finne noen mørke hemmelighet i ham.

Jerusalem er stedet hvor Jesus, som kom i kjødet for å åpne veien til frelse for alle menneskene, preket om evangeliet og utførte Loven med kjærlighet. Derfor bygde Gud det nye Jerusalem for at alle de troende som fullførte Loven med kjærlighet kunne oppholde seg.

Guds trone i midten av det nye Jerusalem

Så hvor i det nye Jerusalem ligger Guds trone? Svaret er avslørt for oss i Johannes' åpenbaring 22:3-4:

Og ingen forbannelse skal være mere, og Guds og

Lammets trone skal være i den, og Hans tjenere skal tjene Ham, og de skal se Hans åsyn, og Hans navn skal være på deres panner.

Guds trone ligger midt i det nye Jerusalem, og bare de som adlyder Guds Ord som en lydig tjener kan komme inn dit og se ansiktet til Gud. Dette er på grunn av at Gud har fortalt oss i Brevet til hebreerne 12:14, *"Jag etter fred med alle og etter helliggjørelse; for uten helliggjørelse skal ingen se Herren,"* og i Matteus' evangeliet 5:8, *"Salige er de som er rene av hjertet; for de skal se Gud."* Derfor burde du innse at ikke alle kan komme inn til det nye Jerusalem som inneholder Guds trone, på samme måte som noen ikke kan komme inn til rommet eller bygningen som presidenten eller kongen oppholder seg i og se ham ansikt til ansikt selv her på jorden.

Hvordan ser så Guds trone ut? Noen tror kanskje at den bare ser ut som en stor stol, men det er ikke sant. På nært hold, betyr det et sete som Gud sitter på, men på langt syn, refererer det til Guds levested.

"Guds trone" refererer derfor til Guds bosted, og rundt Hans trone midt i det nye Jerusalem, er regnbuene og tronene til de fire og tjue eldre.

Regnbuer og troner til de 24 eldre

Du kan føle skjønnheten, prakten, og størrelsen av Guds trone i Johannes' åpenbaring 4:3-6:

> *Og Han som satt der, var å se som like til jaspis og sarder-sten, og det var en regnbue rundt omkring tronen, å se til likesom en smaragd. Og rundt omkring tronen var det fire og tjue troner, og på tronene så jeg fire og tjue eldste sitte, kledd i hvite klær, med gullkroner på sine hoder. Og fra tronen går det ut lyn og røster og tordener, og foran tronen brenner sju ildfakler, som er de sju Guds ånder. Og foran tronen er det likesom et glasshav, likt krystall, og midt for tronen og rundt om tronen er det fire livsvesener, full av øyne foran og bak.*

Mange engler og himmelske verter tjener Gud. Det er også mange andre åndelige skapninger som kjerub og de fire levende skapningene som vokter Ham.

Havets glass er også spredd ut foran Guds trone. Dets syn er så vakkert, med mange slags lys som omringer Guds trone som er reflektert på havets glass.

Hvordan omringer så de fire og tjue eldre Guds trone? Tolv av dem befinner seg bak Herren, og de tolv andre bak den Hellige Ånd. Disse fire og tjue eldste er renvaskede individer og har rettighetene til å vitne foran Gud.

Guds trone er veldig vakker, praktfull, og fremstående utenom noe som helst menneskes fantasi.

2. Guds originale trone

Apostelens gjerninger 7:55-56 forteller om når Stefanus ser

Lammets trone på høyre side av Guds trone:

> *Men han var full av den Hellige Ånd og skuet ufravendt opp mot himmelen, og han så Guds herlighet, og Jesus stå ved Guds høyre hånd, og han sa: "Nå ser jeg himlene åpne, og Menneskesønnen stå ved Guds høyre hånd!"*

Stefanus ble en martyr ved å bli kastet stein på mens han modig forkynnet om Jesus Kristus. Like før Stefanus døde, åpnet hans åndelige øyne seg og han kunne se Herren som sto på høyre side av Guds trone. Herren kunne ikke forbli sittende når Han visste at Stefanus snart ville bli en martyr av jødene som hadde hørt på hans budskap. Så Herren stod opp fra Hans trone og begynte å gråte når Han så at Stefanus døde etter at de hadde kastet stein på ham, og Stefanus så dette synet med hans åpne åndelige øyne.

På samme måte så Stefanus Guds trone hvor Gud og Herren oppholdt seg, og du burde innse at denne tronen er forskjellig fra den som apostelen Johannes så i det nye Jerusalem.

I gamle dager, når kongen dro fra hans palass for å se seg om rundt om i landet og for å besøke folket, byggde hans ansatte et palass for kongen hvor han kunne oppholde seg midlertidig. På samme måte er Guds trone i det nye Jerusalem ikke tronen hvor Gud vanligvis oppholder seg, men stedet hvor Han oppholder seg i korte perioder.

Gud eksisterte alene som lyset

Gud eksisterte alene, omfavnet hele universet før tidens

begynnelse (2. Mosebok 3:14; Johannes' evangeliet 1:1; Johannes' åpenbaring 22:13). Universet var da ikke det samme som hva vi nå ser med våre øyne, men var en enkel plass før fordelingen til de åndelige og de fysiske verdensrikene. Gud eksisterte som lyset og skinte ned på hele universet.

Han var ikke bare en lysstråle, men eksisterte som slike skinnende, vakre lys som var akkurat som flytende vann som hadde regnbuens farver. Du vil kanskje forstå dette bedre hvis du tenker på polarlyset som kan bli sett rundt Nord Polen. Et polarlys er en gruppe med forskjellige lysfarver som er spredd ut som en gardin, og det blir sagt at synet er så vakkert at samme hvem som ser det vil aldri glemme dens skjønnhet.

Så hvor mye vakrere vil Guds lys – som er selve lyset – bli, og hvordan kan vi uttrykke herligheten med så mange blandede vakre lys.

Derfor står det i Johannes 1. brev 1:5, *"Og dette er det budskap som vi har hørt av Ham og forkynner eder, at Gud er lys, og det er intet mørke i ham."* Grunnen til at de sier at "Gud er lyset" er ikke bare for å understreke den åndelige forståelse med at Gud ikke har noen mørke hemmeligheter i det hele tatt, men for å beskrive Guds ytre, han som eksisterte som lyset før tidens begynnelse.

Denne Gud, som eksisterte alene før tidens begynnelse, som lyset i universet, var fyllt med stemmen. Gud eksisterte i lyset som var fyllt med stemmen, og denne stemmen er "Budskapet" som Johannes' evangeliet 1:1 henviser til: *"I begynnelsen var Ordet, og Ordet var hos Gud, og Ordet var Gud."*

3. Lammets Brud

Gud vil at alle mennesker skal ligne Hans hjerte og komme inn til det nye Jerusalem. Men Han viste fremdeles Hans barmhjertighet til de som ikke hadde oppnådd dette nivået av frelse gjennom den menneskelige oppdragelsen. Han delte opp himmelens rike til mange bosteder fra Paradiset til Himmelens Første, Andre, og Tredje Kongerike og belønnet Hans barn ifølge hvilke gjerninger de hadde utført.

Gud gir det nye Jerusalem til Hans sanne barn som er fullstendig frelset og har vært trofaste i alle Hans hus. Han har bygget det nye Jerusalem i minne om Jerusalem, grunnlaget til evangeliet, og som et nytt kar som inneholder alt om deres fullførelse av loven med kjærlighet.

Vi kan lese fra Johannes' åpenbaring 21:2 at Gud har laget istand det nye Jerusalem så vakkert at Byen minner Johannes om en brud som er strålende pyntet for hennes brudgom:

Og jeg så den hellige stad, det nye Jerusalem, stige ned av himmelen fra Gud, gjort i stand som en brud som er prydet for sin brudgom.

Det nye Jerusalem er som en brud som er vakkert pyntet

Gud gjør i stand vakre bosteder i himmelen for Herrens bruder som forbereder seg selv vakkert for å motta den åndelige brudgommen Herren Jesus ved at de sterkt forandrer sitt hjerte. Det vakreste stedet blandt alle disse evige bostedene er Byen den nye Jerusalem.

Det er på grunn av dette at Johannes åpenbaring 21:9 uttaler seg om Byen det nye Jerusalem, som er veldig vakkert dekorert for Herrens bruder, som *"Bruden, lammets kone."* Hvor henrivende ville ikke det nye Jerusalem være siden det er den beste gaven for Herrens bruder som Gud selv har laget. Menneskene vil bli så rørt når de kommer inn i deres respektive huser, som var bygget og tatt vare på med Guds kjærlighet og ved delikat, detaljert overveielse. Dette er på grunn av at Gud lager hvert hus til å passe eierens smak.

En brud tjener hennes mann og gir henne et sted hvor han kan hvile. På same måte, tjener og omfavner husene i det nye Jerusalem Herrens bruder. Stedet er så behagelig og sikkert at mennesker er fyllt med glede og lykke.

Samme hvor godt en kone tjener sin mann her på jorden, kan hun ikke gi den perfekte fred og lykke. Men husene i det nye Jerusalem kan gi fred og lykke som menneskene ikke kan erfare her på jorden på grunn av at de husene er laget for å fullstendig tilfredsstille eierens smak. Husene er bygget vakkert og storslagent ifølge eierens smak, på grunn av at de er for menneskene som har hjertene som ligner Guds hjerte. Hvor vidunderlig og klokt ville de ikke være siden Herren styrer byggingen?

Hvis du virkelig tror på himmelen, vil du bli lykkelig av å bare tenke på alle englene som bygger himmelske huser med gull og juveler ifølge Guds lov som belønner hver person ifølge hvilke gjerninger de har gjort.

Kan du fantasere om hvor mye mere lykkelig og hvor mere gledelig livet i det nye Jerusalem ville være, som tjener deg og omfavner deg akkurat som en kone?

Himmelske huser er dekorerte ifølge ens gjerninger

De begynte å bygge de himmelske husene helt fra vår Herre oppsto og dro opp til himmelen, og de blir til og med bygget nå ifølge våre gjerninger. Byggingen av husene til de som lever her på jorden nå har blitt avsluttet og er nå ferdige; grunnmuren blir lagt og pilarer blir satt opp for noen huser; og arbeidet på andre huser er nesten ferdige.

Når alle de himmelske husene til de troende er ferdige, forteller Jesus oss i Johannes' evangeliet 14:2-3 at Han vil komme tilbake til jorden, men denne gangen kommer Han i luften:

> *I min Faders hus er det mange rom; var det ikke så, da hadde jeg sagt dere det; for jeg går bort for å berede deres sted; og når jeg er gått bort og har beredt deres sted, kommer jeg igjen og vil ta dere til meg, for at også dere skal være der jeg er.*

De evige bostedene til de frelsede menneskene blir avgjort på Dommedagen til den Hvite Tronen.

Når eieren kommer inn til hans eller hennes hus etter at bostedet og belønningene har blitt avgjort ifølge hvor mye tro hver og en har, vil huset skinne fullstendig. Det er på grunn av at eieren og huset blir til et perfekt par nå eieren går inn i hans eller hennes hus akkurat som en ektemann og kone blir til ett.

Hvor full av Guds ære ville ikke det nye Jerusalem bli siden den huser Guds trone, og mange huser blir bygget for Guds sanne barn som kan dele den sanne kjærligheten med Ham for alltid?

4. Skinnende som Blanke Juveler og Klare som Krystall

Når han ble ledet av den Hellige Ånd, fikk apostelen Johannes veldig dyp respekt da han så den Hellige Byen det nye Jerusalem, og han kunne bare tilstå dette:

> *Og han førte meg i ånden bort på et stort og høyt fjell, og viste meg den hellige stad Jerusalem, som steg ned av himmelen fra Gud; den hadde Guds herlighet, og dens lys var som den kosteligste sten, som krystallklar jaspis* (Johannes' åpenbaring 21:10-11).

Ga Johannes ære til Gud da han så på det storslagne nye Jerusalem fra toppen av fjellet, når han ble ledet av den Hellige Ånd.

Det nye Jerusalem, skinnende med Guds ære

Hva menes det når de sier at glansen av det nye Jerusalem som skinner med Guds ære er "akkurat som en veldig kostbar sten, som en sten av krystallklar jaspis"? Det er mange slags juveler og de har forskjellige navn ifølge deres innehold og farver. For å kunne si at de er verdifulle, hver sten må gi en veldig vakker farve. Derfor antyder utrykket "akkurat som en veldig dyr sten" at det er den perfekte skjønnhet. Apostelen Johannes sammenlignet de vakre lysene til det nye Jerusalem til de vakre stenene som menneskene så som veldig verdifulle og vakre.

Det nye Jerusalem har også enorme og storslagne huser, og de er dekorerte med himmelske juveler som skinner med henrivende lys, og du kan se at lysene er glitrende og vakre selv om du ser på Byen på lang avstand. Blålige, hvite lys som er glinsende med mange farver virker som de omfavner det nye Jerusalem. Hvor imponerende og sjarmerende ville ikke dette synet være?

Johannes' åpenbaring 21:18 forteller oss at veggen i det nye Jerusalem er laget av jaspis. I motsetning til opak jaspis her på jorden, har jaspisen i himmelen en blålig farve og er så vakker og klar at når du ser på den, føler du det som om du ser inn i klart vann. Det er nesten umulig å uttrykke farvenes skjønnhet med tingene her i verden. Kanskje det kan bli sammenlignet med et skinnende blått lys som blir reflektert på klare bølger. Dessuten kan vi bare se at dens farve er klar, blålig, og hvit. Jaspis representerer Guds eleganse og klarhet, og Guds "rettferdighet" som er plettfri, klar og ærlig.

Det er mange slags krystaller, og i himmelske betegnelse refererer det til en farveløs, gjennomsiktig, og hard sten som er like ren og klar som rent vann. Rene og klare krystaller har vært mye brukt for dekorasjoner helt ifra gamle dager på grunn av at de ikke bare er klare og gjennomsiktige, men reflekterer også lys veldig vakkert.

Krystall, selv om det ikke er veldig dyrt, reflekterer lys veldig flott for å la dem ligne regnbuer. Dessuten har Gud plassert den strålende æren på de himmelske krystallene med Hans makt, slik at det ikke kan bli sammenlignet med de som blir funnet her på

13

jorden. Apostelen Johannes prøver å vise skjønnheten, klarheten, og glansen til det nye Jerusalem med krystaller.

Den Hellige Byen til det nye Jerusalem er fyllt med Guds vidunderlige ære. Hvor vidunderlig, vakkert og skinnende ville det nye Jerusalem være, siden den inneholder tronen til Gud og toppkonferansen hvor Gud formerte seg selv til treenigheten?

2. kapittel

Navnene til de Tolv Folkestammene og de Tolv Apostlene

1. Tolv Engler Vokter Portene

2. Navnene til de Tolv Stammene i Israel er Gravert på de Tolv Portene

3. Navnene til de Tolv Disiplene som er Gravert på de Tolv Grunnmurene

"Og den hadde en stor og høy mur; den hadde tolv porter, og på portene tolv engler og innskrevne navn, navnene på israels barns tolv stammer. Mot øst var tre porter, mot nord tre porter, mot syd tre porter, mot vest tre porter. Og stadens mur hadde tolv grunnstener, og på dem navnene på Lammets tolv apostler."

- Johannes' åpenbaring 21:12-14 -

Det nye Jerusalem er omringet av vegger som skinner med sterke og glitrende lys. Alle menenskers kjake vil falle ved synet av dens størrelse, storslagenhet, skjønnhet, og æren til disse veggene. Byen er laget som en terning og har tre porter på hver side: øst, vest, nord, og sør. Den har totalt tolv porter og er ufattelig solid. En verdig og majestik engel vokter hver port og navnene til de tolv stammene er inngravert på disse portene.

Rundt omkring veggene til det nye Jerusalem er også de tolv grunnstenene hvor det står tolv søyler og hvor navnene til de tolv disiplene er skrevet ned. Alt i det nye Jerusalem er laget med tallet 12, lysets nummer, som dens grunnlag. Dette er for å hjelpe alle til å lett forstå at det nye Jerusalem er stedet for disse lysenes barn som har hjerter som ligner Guds hjerte, som selv er selve lyset.

La oss nå se hvorfor tolv engler vokter de tolv portene til det nye Jerusalem og navnene til de tolv stammene, og de tolv disiplene er skrevet ned over hele Byen.

1. Tolv Engler Vokter Portene

I gamle dager, holdt mange soldater eller vakter overvåkning av portene til slottene hvor kongene eller hvor andre høye embetsmenn oppholdt seg og bodde. Denne målingen var nødvendig for å beskytte bygningene fra fiender og ubudne gjester. Men fremdeles er det tolv engler som vokter portene til det nye Jerusalem selv om ingen kan komme inn i eller trenge seg inn som han ønsker på grunn av at Byen inneholder Guds trone. Hva er så grunnen?

For telle om rikdommen, fullmakten, og æren

Byen det nye Jerusalem er enorm og storslagen og helt utenom vår fantasi. Kinas store Utilgjengelige By hvor keisere bodde er like stor som en enebolig i det nye Jerusalem. Til og med størrelsen på den kinesiske muren, en av de Syv Undrene til den Eldgamle Verdenen, kan ikke bli sammenlignet med Byen det nye Jerusalem.

Den første grunnen til at det er tolv engler som vokter portene er for å symbolisere rikdommen og verdigheten, fullmakten og æren. Selv i dag har de mektige eller de rike deres egne private vakter i og rundt husene deres, og dette viser rikdommen og fullmakten til beboerne.

Det er derfor tydelig at englene i de høyere stillingene vokter portene til Byen det nye Jerusalem som inneholder Guds trone. En kan føle fullmakten til Gud og beboerne i det nye Jerusalem med én gang bare ved å se på de tolv englene, hvis tilstedeværelse bidrar til skjønnheten og æren til selve det nye Jerusalem.

For å beskytte Guds anerkjente barn

Hva er så den andre grunnen til at tolv engler vokter portene til det nye Jerusalem? Brevet til hebreerne 1:14 spør, *"Er de ikke alle tjenende ånder, som sendes ut til tjeneste for deres skyld som skal arve frelse?"* Gud beskytter Hans barn som bor her på jorden med Hans åpenbare øyne og englene som Han har sendt.

De som lever ifølge Guds Ord vil derfor ikke bli ærekrenket av Satan, men vil bli beskyttet fra prøver, problemer, natur katastrofer og katastrofer på grunn av menneskene, sykdommer, og ulykker. Det er også mangfoldige engler i himmelen som utfører deres gjerninger ifølge Guds befaling. Blandt dem er det engler som ser, skriver ned, og rapporterer hver gjerning fra hver person til Gud, samme om personen er en troende eller ikke. På dommedagen, husker Gud til og med et enkelt ord som blir ytret av hver person, og belønner dem ifølge hva han eller henne har gjort.

På samme måte er alle englene ånder som Gud har kontroll over, og det er en selvfølge at de beskytter og ser etter Guds barn til og med i himmelen. Selvfølgelig vil det ikke bli noen ulykker eller fare i himmelen siden det ikke er noe mørke der som tilhører fienden djevelen, men det er deres naturlige gjerning å tjene deres herrer. Denne gjerning er ikke tvungen av noen, men blir gjort frivillig ifølge den harmoniske orden til det åndelige rike; det er den naturlige gjerningen som blir tildelt englene.

For å beholde den fredelige orden til det nye Jerusalem

Hva er så den tredje grunnen til at tolv engler vokter portene til det nye Jerusalem?

Himmelen er et perfekt åndelig rike uten noe som helst ufullkommenhet, og blir drevet i perfekt orden. Det er ikke noe hat, krangel, eller befalinger, men den er drevet og vedlikeholdt bare med Guds reglementer.

Et hus som blir delt opp med seg selv vil falle. På samme måte, selv Satans verden står ikke opp mot seg selv, men arbeider ifølge en viss orden (Markus' evangeliet 3:22-26). Hvor mye mere rettferdig vil så Guds kongerike være når det går etter et visst system? For eksempel, festmiddager som blir holdt i det nye Jerusalem fortsetter ifølge orden. De frelsede sjelene i det Tredje, Andre og det Første Kongerike og Paradiset skal komme inn til det nye Jerusalem kun ved innbydelse, og igjen ifølge den åndelige rekkefølgen. Der vil de tilfredstille Gud og dele lykken sammen med inbyggerne i det nye Jerusalem.

Hva ville skje hvis de frelsede sjelene i Paradiset, de Første, Andre, og de Tredje Kongerikene fritt kunne komme inn i det nye Jerusalem akkurat når de ville? Akkurat som verdien av selv de beste og mest kostbare tingene blir borte hvis de ikke blir styrt eller brukt riktig ettersom tiden går, hvis rekkefølgen i det nye Jerusalem ble nedbrutt, ville den ikke lenger beholde ens skjønnhet.

Det er derfor et behov for de tolv portene og englene som vokter hver port for å beholde den fredelige rekkefølgen i det nye Jerusalem. De troende i Himmelens Tredje Kongerike og nedenunder kan selvfølgelig ikke komme fritt inn i det nye Jerusalem selv om det ikke er noen engler til å vokte portene på grunn av den forskjellige æren. Englene forsikre seg om at rekkefølgen blir skikkelig overholdt.

2. Navnene til de Tolv Stammene i Israel er Gravert på de Tolv Portene

Hva er så grunnen til at de ingraverer navnene til de tolv stammene fra Israel på portene til det nye Jerusalem? Måte symboliserer navnen til de tolv stammene fra Israel det faktum at de tolv portene til det nye Jerusalem begynte med de tolv stammene fra Israel.

Bakgrunnen til de tolv portene

Adam og Eva, som ble drevet ut fra Edens Have på grunn av deres ulydige synd for omkring 6,000 år siden, fødte mange barn mens de levde her på denne jorden. Når verden var full av synder, alle untatt Noah og hans familie, en rettferdig mann blandt folket på den tiden, ble straffet og omkomm i vannet.

Men for ca. 4,000 år siden ble Abraham født, og når tiden kom, gjorde Gud ham til troens forfader og velsignet ham rikelig. Gud lovte Abraham i Første Mosebok 22:17-18.

Så vil Jeg storlig velsigne deg og gjøre din ætt såre tallrik, som stjernene på himmelen og som sanden på havets bredde, og din ætt skal ta sine fienders porter i eie; og i din ætt skal alle jordens folk velsignes, fordi du lød Mitt ord.

Den trofaste Gud opprettet Jakob, Abrahams barnebarn, som Israels grunnlegger, og laget grunnlaget for å formere en nasjon med hans tolv sønner. Men rundt 2,000 år tilbake, sendte Gud Jesus som en etterkommer av Judahs stamme og åpnet veien til frelse for alle mennesker.

På denne måten, formerte Gud menneskene i Israel med de tolv stammene for å utfylle velsignelsen som Han hadde gitt til Abraham. For å videre symbolisere og markere dette faktum, laget Gud tolv porter i det nye Jerusalem og graverte navnene til de tolv stammene fra Israel. La oss nå se litt nærmere på Jakob, Israels forfader, og de tolv stammene.

Jakob, Israels forfader og hans tolv sønner.

Jakob, Abrahams barnebarn og Isaks sønn, tok fødelsesretten fra hans eldre bror Esau på en slu måte og måtte derfor flykte fra hans bror til hans onkel Laban. Under hans tjue års opphold i Labans hus, renset Gud Jakob til han ble Israels forfader. Første Mosebok 29:21 og videre forklarer i detaljer om Jakobs ekteskap og fødselen av hans tolv sønner. Jakob elsket Rachel og lovet å tjene Laban i sju år så han kunne gifte seg med henne, men han ble bedratt av hans onkel og giftet seg med Leah, hennes søster, istedenfor. Han måtte love Laban å tjene i sju år til for å kunne gifte seg med henne. Jakob giftet seg til slutt med Rachel og elsket Rachel mere enn han elsket Leah.

Gud hadde barmhjertighet med Leah, som ikke var elsket av hennes mann, og åpnet hennes livmor. Leah fødte Reuben, Simeon, Levi, og Judah. Rachel var elsket av Jakob, men kunne ikke føde sønner i lang tid. Hun ble sjalu på hennes søster Leah og ga henne tjenestepiken Bilhah til hennes mann som hans kone. Bilhah fødte Dan og Naphtali. Når Leah ikke lenger kunne føde, ga hun Jakob hennes tjenestepike Zilpah til kone, og Zilpah fødte Gad og Asher.

Senere, mottok Leah avtalen fra Rachel om å kunne gå til sengs med Jakob til bytte mot den første sønnen som Reubens alrune. Hun fødte Issachar og Zebulun, og en datter Dinah.

Men så husket Gud at Rachel var ufruktbar og åpnet hennes livmor, og på dette tidspunktet fødte hun Josef. Etter fødselen til Josef, mottok Jakob en befaling fra Gud om å krysse Jabbok Elven og reise tilbake til hans hjemsted med hans to koner, to tjenestepiker, og elve sønner.

Jakob gikk igjennom prøver i hans onkel Labans hus i to tiår. Etter dette ydmykte han seg selv og ba helt til hans hofte ble forvrengt i Jabbok Elven, på veien til hans hjemsted. Han fikk da det nye navnet "Israel" (Første Mosebok 32:28). Israel ble også forsonet med hans bror Esau og bodde i landet Canaan. Han mottok velsignelsen med å bli Israels forfader og fikk den siste sønnen sin, Benjamin, gjennom Rachel.

De tolv stammene i Israel, Guds valgte mennesker

Josef som var elsket mest av hans far blandt Israels tolv sønner, ble solgt til Egypt da han var 17 år gammel av hans brødre som var oppslukt av sjalusi. Men innenfor Guds forsyn derimot ble Josef Egypts statsminister da han var 30 år gammel. Med kunnskapen om at det ville bli en forferdelig hungersnød i landet Canaan, hadde Gud sendt Josef til Egypt først, og så tillatt hele hans familie å flytte dit slik at de ville øke i nummer og bli store nok til å formere en nasjon.

I den Første Mosebok 49:3-28, velsigner Israel hans tolv sønner like før han tar sitt siste pust, og de blir så de tolv stammene i Israel:

"Ruben, min førstefødte er du,
min kraft og min styrkes første frukt,

høyest i ær og størst i makt (v. 3)...
Simeon og Levi er brødre,
våldsvåpen er deres sverd (v. 5)...
Juda – deg skal dine brødre prise (v. 8)...
Sebulon – ved havets strand skal han bo, (v. 13)...
Issakar er et sterktbygget asen,
som hviler mellom sine hegn (v. 14)...
Dan skal dømme sitt folk,
han som de andre Israels stammer (v. 16)...
Gad – en fiendeflokk hugger inn på ham,
men han hugger dem i hælene (v. 19)...
Fra Aser kommer fedmen, hans mat,
og lekre retter som for konger har ham å gi (v. 20)...
Naftali er en lekende hind;
liflig er ordet han taler (v. 21)...
Et ungt frukttre er Josef,
et ungt frukttre ved kilden (v. 22)...
Benjamin er en glupende ulv (v. 27)..."

Alle disse er de tolv stammene i Israel, og dette er hva deres far sa til dem når han velsignet dem ved å gi hver og en den velsignelsen som var passende for ham. Velsignelsene var forskjellig fordi hver sønn (stamme) var forskjellig i deres karaktertrekk, personlighet, gjerning, og natur.

Gjennom Moses, ga Gud Lovene til de tolv folkestammene i Israel som kom ut fra Egypt, og begynte å lede dem til landet Canaan, som fløt med melk og honning. I Femte Mosebok 33:6-25, ser vi Moses velsigne menneskene i Israel før hans død.

"Måtte Ruben leve og aldri dø,
men hans menn bli få i tall (v. 6) ...
Hør, Herre, Judas røst,
og før ham hjem til sitt folk (v. 7) ...
Og om Levi sa han:
"Dine tummin og urim
hører din fromme mann til" (v. 8) ...
Om Benjamin sa han:
"Herrens elskede er han,
trygt bor han hos Ham" (v. 12) ...
Om Josef sa han:
"Velsignet av Herren være hans land
med himmelens ypperste gaver,
med dugg og med vann fra det store dyp der nede" (v. 13) ...
Det er Efra'ims tiltusener,
og det er Manasses tusener. (v. 17) ...
Og om Sebulon sa han:
"Gled deg, Sebulon, i din utferd,
og du, Issakar, i dine telt" (v. 18) ...
Og om Gad sa han:
"Lovet være han
som gir Gad vidt rom" (v. 20) ...
Og om Dan sa han:
"Dan er en løveunge,
som springer frem fra Basan" (v. 22) ...
Og om Naftali sa han:
"Naftali mettet med nåde
og fylt med Herrens velsignelse" (v. 23) ...
Velsignet fremfor sønner være Aser!

han være den kjæreste blandt sine brødre (v. 24) ..."

Levi som var blandt Israels tolv sønner, var nekte adgang til de tolv stammene for å kunne bli en prest og for å tilhøre Gud. Istedenfor laget Josefs to sønner Manasses og Efrain to stammer for å erstatte Levitene.

Navnene til de Tolv Folkestammene

Så hvordan kan vi som hverken er medlemmer av Israels tolv stammer eller direkte etterkommere av Abraham, bli frelst og passere gjennom de tolv portene hvor navnene til de tolv stammene er inngravert?

Vi kan finne svaret til det spørsmålet i Boken om Johannes' åpenbaring 7:5-8:

> *Og jeg hørte tallet på dem som var beseglet: hundre og fire og førti tusen beseglede av alle Israels stammer: av Juda stamme tolv tusen beseglede, av Rubens stamme tolv tusen, av Gads stamme tolv tusen, av Asers stamme tolv tusen, av Naftali stamme tolv tusen, av Manasse stamme tolv tusen, av Simeons stamme tolv tusen, av Levi stamme tolv tusen, av Issakars stamme tolv tusen, av Sebulons stamme tolv tusen, av Josefs stamme tolv tusen, av Benjamins stamme tolv tusen beseglede.*

I disse versene, navnet til Judas stamme kommer først og navnet til Rubens stamme kommer etter den i motsetning til den Første Moseboken og den Femte Moseboken. Og navnet til Dans stamme er slettet og navnet til Manasses stammen er lagt til.

Den registrerer den seriøse synden til Dans stamme i den Første Kongeboken 12:28-31.

> *Og kongen holdt råd, og så gjorde han to gullkalver; og han sa til folket: "Dere har nå lenge nok draget opp til Jerusalem; se, her er dine guder, Israel, som førte deg opp fra Egyptens land." Og han stilte den ene opp i Bethel, og den andre satte han i Dan. Dette ble en årsak til synd; folket gikk like til Dan for å trede frem for den ene av dem. Han bygget også hus på offerhaugene og gjorde hvem han ville av folket til prester, enda de ikke var av Levis barn.*

Jeroboam, som ble den første kongen til det Nordlige Kongerike Israel, tenkte med seg selv at hvis menneskene gikk opp for å ofre ofringer i HERRENs tempel i Jerusalem, ville de igjen gi deres lojalitet til herren deres, Judas konge Rehoboam. Kongen laget to gyldne kalver, og han satte en opp i Bethel, og den andre i Dan. Han nektet menneskene til å gå opp til Jerusalem for å gi ofringer til Gud og lokket dem til å tjene Bethel og Dan.

Stammen til Dan begikk synden med idol dyrking og gjorde vanlige mennesker til Guds prester selv om ingen utenom Levites stammer kunne bli til prester. Og de opprettet en festival den femtende dagen i den åttende måneden, akkurat som festivalen som ble holdt i Judah. Alle disse syndene kunne ikke bli tilgitt av Gud, og Han sviktet dem.

Så navnet til Dans stamme ble rett og slett byttet ut med navnet til Manasses stammen. Det faktummet at navnet til Manasses stammen var tilføyet ble profetert om i Første Mosebok 48:5. Jakob sa til hans sønn Josef:

"Og dine to sønner som du har fått i Egyptens land, før jeg kom til deg her i Egyptens land, før jeg kom til deg her i Egypten, de skal nå være mine; Efra'im og Manasse skal tilhøre meg som Ruben og Simeon."

Jakob, Israels far, hadde allerede bekreftet Manassas og Efraim som hans egen. Så i Boken om Johannes' åpenbaring i det nye Testamentet, er navnet på Manasses stammen som er skrevet ned funnet istedenfor navnet til Dan.

Grunnen til at navnet til Manasses stammen er skrevet ned blant de tolv stammene i Israel på denne måten selv om han ikke var en av de tolv lederne i Israel, indikerer at Hedningene ville ta plassen til isralittene og bli frelst.

Gud la nasjonens grunnlag gjennom de tolv stammene fra Israel. For ca. to tusen år siden, åpnet Han veien ved å vaske våre synder bort gjennom det dyrebare blodet som Jesus Kristus mistet på korset og tillot alle å motta frelse gjennom troen.

Gud valgte menneskene i Israel som kom fra de tolv stammene og kaldte dem "Mine folk," men siden de til slutt ikke helt fulgte Gud vilje, dro evangeliet over til Hedningene.

Hedningene, som kan ses som de vilde oliven skuddene som var omplantet, har erstattet Guds valgte folk i Israel som kan ses som oliven skuddene. Derfor sa apostelen Paulus i Paulus' brev til romerne 2:28-29 at *"For ikke den er jøde som er det i det åpenbare; heller ikke er det omskjærelse som skjer i det åpenbare, på kjøttet. Men den som er jøde i det skjulte, han er jøde, og omskjærelsen er hjertets omskjærelse i Ånden, ikke i bokstaven; en sådan har sin ros, ikke av mennesker, men av Gud."*

Kort sagt har Hedningene kommet for å erstatte menneskene i Israel ved å fullføre Guds forsyn akkurat som stammen til Dan ble slettet og Manasses stammen ble tilføyet. Derfor kan til og med Hedningene komme inn til det nye Jerusalem gjennom de tolv portene så lenge de har troens riktige kvalifikasjoner.

Derfor vil ikke bare de som tilhører de tolv stammene i Israel, men også de som blir etterkommere av Abraham i troen, også motta frelse. Når Hedningene finner troen, ser ikke lenger Gud på dem som "Hedninger" men istedenfor som medlemmer av de tolv stammene. Alle nasjonene vil bli frelset gjennom de tolv portene, og dette er Guds rettferdighet.

Egentlig refererer de "tolv stammene" i Israel åndelig til alle Guds barn som er frelst av troen, og Gud har skrevet navnene til de tolv stammene på de tolv portene i det nye Jerusalem for å symbolisere dette faktum.

Men siden forskjellige land og områder har forskjellige karakteristikker, varierer også æren til hver av de tolv stammene og de tolv portene i himmelen.

3. Navnene til de Tolv Disiplene som er Gravert på de Tolv Grunnmurene

Hva er så grunnen til at navnene til de tolv disiplene er skrevet på de tolv grunnmurene til det nye Jerusalem? For å kunne bygge en bygning, må det være en grunnmur til å sette søylene i. Det er lett å vurdere størrelsen av byggingen hvis du ser på dybden av utgravingen. Grunnmurene er veldig viktige fordi de må støtte vekten av hele bygningen. På samme måte ble de tolv grunnmurene lagt ned for å sette opp veggene til det nye Jerusalem og de tolv søylene, hvor det ble laget tolv porter som ble plassert mellom dem. Så ble de tolv portene laget. Størrelsen på de tolv grunnmurene og de tolv søylene er så enorme og utenfor vår forståelse, og vi vil forske inn i det i det neste kapittelet.

De tolv grunnmurene er viktigere enn de tolv portene

Hver eneste skygge har den vesentlige egenskapen som den gir fra seg. På samme måte, er det Gamle Testamentet en skygge av det Nye Testamentet på grunn av at det Gamle Testamentet vitner til at Jesus som kom til denne verdenen som en Frelser, og det Nye Testamentet skriver ned Jesus preste tjeneste som kom til denne verdenen, full av forutsigelser, og oppnådde veien til frelse (Brevet til hebreerne 10:1).

Gud, som la grunnlaget til nasjonen gjennom de tolv stammene i Israel og kunngjorde Loven gjennom Moses, lærte de tolv disiplene gjennom Jesus som fullførte Loven med kjærligheten og gjorde dem vitner til Herren helt til tiden slutt. På denne måten er de tolv disiplene heltene som gjorde det nødvendig å fullføre Loven til det Gamle Testamentet og bygget Byen det nye Jerusalem, ved ikke å handle som en skygge, men som den vesentlige egenskapen.

Derfor er de tolv grunnmurene til det nye Jerusalem viktigere enn de tolv portene, og rollen til de tolv disiplene er viktigere enn rollen til de tolv stammene.

Jesus og Hans tolv disipler

Jesus, Guds sønn, som kom til denne verdenen kjødelig, begynte Hans prestetjeneste når han var 30 år gammel, innkalte Hans disipler, og lærte dem. Når tiden kom, ga Jesus Hans disipler fullmakt til å drive ut djevelene og til å helbrede de syke. Matteus evangeliet 10:2-4 omtaler de tolv disiplene:

> *Men dette er de tolv apostlers navn: Først Simon, som kalles Peter, og Andreas, hans bror; Jakob, Sebedeus' sønn, og Johannes, hans bror; Filip og Bartolomeus; Tomas og Matteus, tolderen; Jakob, Alfeus' sønn, og Lebbeus med tilnavnet Taddeus; Simon Kananeus og Judas Iskariot, han som forrådte ham.*

Akkurat som Jesus ønsket, forkynte de om evangeliet og utførte arbeidene til Guds makt. De vitnet til den levende Gud og ledet mange sjeler til frelsens vei. Alle av dem untatt Judas Iskariot, som var egget på av Satan og endte opp med å selge Jesus, vitnet til Jesus oppstandelse og Kristi himmelfart, og erfarte den Hellige Ånden gjennom sterke bønner.

Så når Herren oppdro dem, mottok de den Hellige Ånd og makten og ble Herrens vitne i Jerusalem, hele Judea og Samaria, og helt til jordens ende.

Matthias erstattet Judas Iskariot

Apostelens gjerninger 1:15-26 beskriver prosessen med å erstatte Judas Iskariot blandt de tolv disiplene. De ba til Gud og hadde loddtrekning. Dette ble gjort på grunn av at disiplene ville at det skulle bli gjort ifølge Guds vilje, uten noen som helst intervensjon av noen menneskelige tanker. De valgte til slutt en person blandt de som hadde blitt opplært av Jesus, en mann som het Mattias.

Grunnen til at Jesus fremdeles valgte Judas Iskariot når han visste at han omsider ville svikte dem finnes her. Det faktum at Mattias akkurat hadde blitt valgt menes at til og med Hedningene kunne motta frelse. Det menes også at Guds valgte tjenere i dag tilhører Mattias' sted. Siden Herrens oppstandelse og Kristi himmelfart, har det vært mange av Guds tjenere som ble valgt av selve Gud, og alle de som blir et med Herren kan bli valgt som en av Herrens disipler, på samme måte som Mattias ble Hans disipel.

Guds tjenere som har blitt valgt av Gud, adlyder viljen til deres Herre bare med "Ja." Hvis Guds tjenere ikke adlyder Hans vilje, hverken kan de eller vil de ikke bli kaldt "Guds tjenere" eller "Guds utvalgte tjenere."

De tolv disiplene som inkluderer Mattias ligner Herren, utførte helligheten, adlød Herrens lære og utfylte helhjertet Guds vilje. De ble grunnlagene til verdens misjonen ved å utfylle deres ønsker helt til de ble martyrer.

Navnene til de tolv disiplene

De som har blitt frelst ved troen, selv om de hverken var

renset eller trofaste i alle Guds hus, kan besøke det nye Jerusalem med en inbydelse, men de kan ikke oppholde seg der i all evighet. Grunnen til at navnene til de tolv disiplene er skrevet ned på de tolv grunnmurene er derfor for å minne oss om at bare de som var renset og trofaste i alle Guds hus her i livet kan komme inn til det nye Jerusalem.

De tolv stammene i Israel refererer til alle Guds barn som har blitt frelset ved troen. De som er renset og trofaste gjennom hele livet har kvalifikasjonene til å komme inn i det nye Jerusalem. Av disse grunnene er de tolv grunnmurene viktigere, og det er derfor navnene til de tolv disiplene ikke er skrevet på de tolv portene, men på de tolv grunnmurene.

Hvorfor valgte Gud så bare tolv disipler? I Hans perfekte kunnskap, utfyller Gud sitt forsyn som Han laget før tiden begynte og utfører alt deretter. Vi vet også at når Jesus valgte bare tolv disipler, var det også ifølge Guds plan.

Gud som formerte tolv stammer i det Gamle Testamentet, valgte tolv disipler, og brukte også nummeret 12 som står for "lys" og "fullkommenhet" i det Nye Testamentet, og skyggen til det Gamle Testamentet og kjernen til det Nye Testamentet ble så et par.

Gud forandrer ikke Hans holdning og plan som Han en gang hadde planlagt, og sto fast på Hans ord. Derfor må vi tro på alle Ordene til Gud i Bibelen, gjøre oss selv klare som Herrens bruder for å motta Ham, og utrette og få de rette kvalifikasjonene for å kunne komme inn i det nye Jerusalem akkurat som de tolv disiplene.

Jesus fortalte oss i Johannes' åpenbaring 22:12, *"Se, jeg kommer hurtig, og Mine belønninger er med Meg, for å gi til hver mann ifølge hva han har gjort."*

Hva slags kristelig liv burde du leve hvis du virkelig tror at Herren snart kommer tilbake? Du burde ikke bare bli tilfredsstilt med å ha mottat frelse ved troen på Jesus Kristus, men må også prøve å kaste bort dine synder og bli trofaste i alle dine gjerninger.

Jeg ber i Herren Jesus Kristus navn at du vil ha den evige ære og velsignelsene i det nye Jerusalem, akkurat som troens forfedre som har deres navn inngravert på de tolv portene og de tolv grunnmurene!

3. kapittel

Størrelsen av det Nye Jerusalem

1. Målt med Gyldne Strå
2. Det Nye Jerusalem Utformet som en Terning

"Og han som talte med meg, hadde et gullrør for at han skulle måle staden og dens porter og dens mur. Og staden ligger i en firkant, og dens lengde er så stor som bredden. Og han målte staden med røret: tolv tusen stadier; lengden og bredden og høyden på den er like. Og han målte dens mur: hundre og fire og førti alen, etter menneskemål, som og er engle-mål."

- Johannes' åpenbaring 21:15-17 -

Noen troende tror at alle som er frelset vil komme inn til det nye Jerusalem som inneholder Guds trone, eller misforstår at det nye Jerusalem er hele himmelen. Likevel er det nye Jerusalem ikke hele himmelen, men bare en del av det endeløse himmelrike. Bare Guds sanne barn som er hellige og frelst kan komme inn til den. Hvor vidstrakt, vil du kanskje undre deg på, er størrelsen av det nye Jerusalem, som Gud har laget istand for Hans sanne barn?

La oss forske inn på størrelsen og formen til det nye Jerusalem, og de åndelige meningene som er gjemt inne i dem.

1. Målt med Gyldne Strå

Det er naturlig for de med sann tro og ildfast håp for det nye Jerusalem å undre på formen og størrelsen til Byen. Siden det er stedet for Guds barn som er frelst og som helhjertet ligner på Herren, har Gud laget istand det nye Jerusalem veldig vakkert og storslagent.

I Johannes' åpenbaring 21:15, kan du lese om en engel som står med gyldne strå for å måle størrelsen på portene og veggene til det nye Jerusalem. Hva er så grunnen til at Gud laget det slik at de måtte måle det nye Jerusalem med gyldne strå?

De gyldne strå er en slags rett kant som er brukt til å måle avstand i himmelen. Hvis du kjenner til meningen med Gull og strå, kan du forstå grunnen til at Gud målte dimensjonene til det nye Jerusalem med gyldne strå.

Gull står for "håp" fordi det aldri forandrer seg over tid.

Gullet til det gyldne strået symboliserer derfor det faktum at Guds måling er riktig og at det aldri forandrer seg, og at Han vil holde alle Hans løfter.

Egenskapene med strået som måler troen

Høyet er høyt og dens kant er myk. Det svaier lett i vinden, men det knekker aldri; det har både mykhet og styrke samtidig. Høyet har kvister, og dette menes at Gud belønner ifølge hva en har gjort.

Grunnen til at Gud måler Byen det nye Jerusalem med gyldne strå er for å måle hver og ens tro helt riktig og vende tilbake ifølge hva han eller henne har gjort.

La oss nå ta i betraktning egenskapene og den åndelige meningen med strå for å kunne forstå hvorfor Gud måler dimensjonene til det nye Jerusalem med gyldne strå.

Først og fremst har strå veldig dype, sterke røtter. De er 1-3 meter høye, og gror i sanden i sumpene eller tjernene. De ser ut som de har svake røtter, men vi kan ikke dra dem lett opp.

På samme måte burde Guds barn også være fast inngrodd i troen og stå på troets fjell. Bare når du har en uforandelig tro som ikke vil bli skadet under noen omstendigheter, vil du kunne komme inn til det nye Jerusalem hvor dimensjonene er målt av det gyldne strået. Det er på grunn av dette at apostelen Paulus ba for de troende i Efesos, *"at Kristus må bo ved troen i deres hjerter, så dere, rotfestet og grunnfestet i kjærlighet"* (Paulus' brev til efeserne 3:17-18).

Andre, strå har veldig myke kanter. Siden Jesus hadde et mykt og mildt hjerte, som minner om strå, kranglet eller gråt han aldri. Til og med når andre kritiserte eller forfulgte Ham, ville ikke Jesus diskutere, men gikk istedenfor den andre veien.

De som håper på det nye Jerusalem burde derfor ha milde hjerter akkurat som Jesus. Hvis du føler deg ukomfortabel når andre påpeker dine feil eller advarer deg, menes det at du fremdeles har et hardt og stolt hjerte. Hvis du har et mykt og mildt hjerte akkurat som dun, kan du akseptere de tingene med lykke uten å føle noe beklagelse eller utilfredshet.

Tredje, strå svaier lett i vindene, men de brekker ikke lett. Etter en sterk tyfon, blir noen ganger store trær dratt opp med røttene, men strå brekker vanligvis ikke ved de sterke vindene fordi de er myke. Menneskene her i verden sammenligner noen ganger sinnene og hjertene til kvinnene med stråene for å uttale om det på en ille måte, men Guds sammenligning er motsatt. Stråene er myke og vil kanskje se ut som om de er svake, men de har styrken til ikke å brekke til og med i en sterk vind, og de er skjønne med deres elegante, hvite blomster.

På grunn av at stråene har alle karakterene som mykhet, styrke, og skjønnhet, kan de symbolisere rettferdigheten til visse oppfatninger. Slike egenskaper i stråene kan også bli tillagt staten Israel. Israel har et relativt lite område og befolkning, og er omringet av fiendtlige naboer. Israel vil kanskje se ut som et svakt land, men den "brekker" aldri under noen omstendigheter. Dette er på grunn av at de har et stekt forhold til Gud, et forhold som kommer fra troens forfedre, blant annet Abraham. Selv om de ser ut som om de vil øyeblikkelig smuldre opp fysisk, isralittenes tro på Gud tillater dem å holde seg sterke.

På samme måte, for å kunne komme inn til det nye Jerusalem, må vi ha en tro som aldri vakler under noen omstendigheter, holder godt fast på Jesus Kristus som er klippen, akkurat som strå med sterke røtter.

Fjerde, stammene til stråene er rette og glatte slik at de ofte ble brukt til å lage tak, piler, eller spisser på kulepenner. Den rette stammen antyder også at de går forrover. En sier at "håpet" bare lever når det fortsetter å gjøre fremgang. De som forbedrer og utvikler seg selv vil vokse i deres tro for hver dag som går, og fortsette med å gå forover mot himmelen.

Gud velger disse gode karene som går mot himmelen, forbedrer seg og gjør seg selv perfekte slik at disse menneskene vil kunne komme inn til det nye Jerusalem. Derfor burde vi gå mot himmelrike akkurat som når bladene spirer fra enden av en rett stamme.

Femte, akkurat som mange diktere skrev om blomstene til stråene for å beskrive et fredelig bilde, utseende til stråene er veldig myke og vakre, og deres blader er sjarmerende og elegante. Akkurat som Paulus' annet brev til korintierne 2:15 sier, *"For vi er en Kristi vellukt for Gud, blandt dem som blir frelst, og blandt dem som går fortapt,"* de som holder på klippens tro gir ut aromaen til Kristus. De som har slike hjerter, har sjarmerende og trøstende ansikter, og mennesker kan erfare himmelen gjennom dem. For å kunne komme inn i det nye Jerusalem må vi derfor gi ut den vakre duften til Kristi som ligner de myke blomstene og elegante bladene til stråene.

Sjette, bladene til stråene er tynne og kantene er skarpe nok til å kutte av litt hud bare ved å beite. På samme måte, de som har troen kan ikke kompromitere med synder, men bli som bladene ved å kaste vekk ondskapen.

Daniel, som var en prest i det store Persia og som var elsket av kongen, møtte en prøve hvor han ble dømt til å bli satt inn i løvens hule av onde menn som var sjalue på ham. Men fremdeles kompromitterte han ikke i det hele tatt, men holdt fast på hans tro. På grunn av dette, sendte Gud Hans engler til å lukke munnene til løvene, og tillot Daniel å ære Gud høyt rett foran kongen og alle menneskene.

Gud er fornøyd med hva slags tro Daniel hadde, den typen som ikke kompromitterer med verdenen. Han beskytter de som har denne type tro fra alle slags lidelser og prøver, og tillater dem til å ære Ham på slutten. Han velsigner dem også og gjør dem til *"hodet, ikke halen"* hvor enn de går (Femte Mosebok 28:1-14).

Dessuten, akkurat som Salomos ordspråk 8:13 forteller oss, *"Herrens frykt er å hate ondskapet,"* hvis du har ondskap i ditt hjerte, må du kaste det bort gjennom sterke bønner og fasting. Bare når du ikke kompromiterer med syndene, men hater ondskapen, vil du bli renset og ha de riktige kvalifikasjonene til å komme inn til det nye Jerusalem.

Vi har vurdert om grunnen til at Gud målte Byen det nye Jerusalem med gyldne strå ved å se på de seks egenskapene til stråene. Bruken av gyldne strå tillater oss til å kjenne at Gud måler vår tro riktig og belønner oss helt ifølge hva vi har gjort her i livet, og at Han utfyller det Han har lovet. Derfor håper jeg at du innser at du må ha de riktige kvalifilasjonene som passer den åndelige meningen med det gyldne stråget, kaster vekk all slags ondskap, og gjennomfører Herrens hjerte.

2. Det Nye Jerusalem Utformet som en Terning

Gud har spesielt skrevet ned størrelsen og formen til det nye Jerusalem i Bibelen. Johannes' åpenbaring 21:16 forteller oss at Byen har en form som en terning med femten hundre mil (12,000 takymetri) i lengden, vidden, og høyden. Noen vil kanskje fundere på dette, 'Vil vi ikke føle det som om vi er lukket inne?' Likevel har Gud laget interiøret til det nye Jerusalem veldig komfortabelt og behagelig. En kan heller ikke se det nye Jerusalem utenfra gjennom Byen, men menneskene som er innenfor veggene til det nye jerusalem kan se ut. Med andre ord, det er ikke noen grunn til å føle seg ukomfortabel eller begrenset innenfor veggene.

Det nye Jerusalem med en form som en terning

Hva så er grunnen til at Gud har laget det nye Jerusalem som en terning? Samme lengde og vidde representerer ordenen, nøyaktigheten, rimeligheten, og rettferdigheten til Byen det nye Jerusalem. Gud kontrollerer alle tingene i orden slik at mangfoldige stjerner, månen, solen, solsystemet, og resten av universet flytter seg presist og nøyaktig uten noe som helst svikt. Likeledes har Gud laget Byen det nye Jerusalem i form av en terning for å uttrykke at Han kontrollerer alle tingene og historien i orden, og fullfører alt helt til slutten med nøyaktighet.

Det nye Jerusalem har samme vidde og lengde, og tolv porter og tolv grunnmurer, tre på hver side. Dette symboliserer at samme hvor enn en bor her på jorden, vil reglene bli gitt rettferdig til de som har kvalifikasjonene til å komme inn til det nye Jerusalem. Nemlig, mennesker som er kvalifiserte ved målingen av det gyldne strået vil komme inn til det nye Jerusalem samme hvilke kjønn, alder, eller menneskerase.

Dette er på grunn av at Gud med Hans riktige og rettferdige natur, dømmer med rettferdighet og måler kvalifikasjonene for å kunne komme inn til det nye Jerusalem på den riktige måten. Videre representerer også en firkant nord, sør, øst, og vest. Gud har laget det nye Jerusalem, og kaller Hans perfekte barn som er frelset med troen blandt alle nasjonene fra alle fire retningene.

Johannes' åpenbaring 21:16 sier, *"Og staden ligger i en firkant, og dens lengde er så stor som bredden. Og han målte staden med røret: tolv tusen stadier; lengden og bredden og høyden på den er like."*

Johannes' åpenbaring 21:17 sier også, *"Og han målte dens mur, hundre og fire og førti alen, etter menneskemål, som også er englemål."*

Veggene til det nye Jerusalem er sytti-to yard tykke. 'Sytti-to yard' er omgjort til omkring 65 meter. Akkurat som at Byen den nye Jerusalem er forferdelig stor, er dens vegger også uforlignelig tykke.

4. kapittel

Laget av Rent Gull og Juveler i Alle Slags Farver

1. Pyntet Med Rent Gull og Alle Slags Juveler

2. Veggene i Det Nye Jerusalem er Laget av Jaspis

3. Laget av Rent Gull og er like Gjennomsiktig som Klart Glass

*"Og dens mur var bygget av jaspis,
og staden var av rent gull,
akkurat som rent glass."*

- Johannes' åpenbaring 21:18 -

Si at du hadde all rikdommen og myndigheten til å bygge et hus hvor du og dine kjære skulle bo i all evighet. Hvordan ville du like å planlegge det? Hva slags materiale ville du bruke? Samme hva slags bekostning, timetabell, og hvor mye arbeidskraft som er nødvendig for å bygge den, ville du kanskje bygge det på den vakreste og mest sjarmerende måten.

Men samtidig, ville din Gud Fader ikke ha villet bygget og pyntet det nye Jerusalem vakkert med de beste materialene i himmelen for å kunne være der med Hans kjære barn i all evighet? Dessuten har hvert materiale i det nye Jerusalem en forskjellig mening for å kjenne igjen tidene som vi har bestått med tro og kjærlighet her på jorden, og alt der er strålende.

Det er bare naturlig for de som lengter etter det nye Jerusalem i deres dype hjerter å ville vite mere om det nye Jerusalem.

Gud kjenner hjertene til disse menneskene og har gitt oss forskjellige informasjoner om det nye Jerusalem, blant annet dens størrelse, form, og til og med tykkelsen av veggen, i detaljer i Bibelen.

Hva er så Byen det nye Jerusalem laget av?

1. Pyntet Med Rent Gull og Alle Slags Juveler

Det nye Jerusalem som Gud har gjort i stand for Hans barn, er laget av rent gull som aldri forandrer seg og er dekorert med andre juveler. I himmelen er det ikke noe materialet som jordbunnen her på jorden, som forandrer seg med tiden. Veiene til det nye Jerusalem er laget av rent gull og grunnvoldene er laget av juveler. Hvis sanden på stranden til elven med livets vann er gull og sølv, hvor mye vakrere ville ikke byggematerialene for de andre bygningene være?

Det Nye Jerusalem: Guds mesterverk

Blandt alle verdensberømte byggninger, deres glitter, verdi, eleganse, og skjønnhet er alle forskjellige fra hverandre i forhold til materialene som er brukt til å bygge dem. Marmorene er mye mere skinnende, mere elegante og vakkrere enn sand, tre, eller sement.

Kan du forestille deg hvor vakkert og strålende ville det bli hvis du bygger en hel bygning med dyrt gull og juveler? Dessuten, hvor mye vakkrere og fantastiske ville ikke byggningene i himmelen være hvis de var bygget av det vakreste materialene!

Gullet og juvelene I himmelen som er laget av Guds makt er veldig forskjellig i deres kvalitet, farve, og raffinering fra de her på denne jorden. Deres renhet og lyset som skinner så vakkert kan ikke bli riktig uttrykket med ord.

Selv her på jorden, mange slags redskaper kan bli laget av den samme leiren. Det kan være dyrt porselen eller billige varer laget av leire, avhengig av hva slags leire og dyktighets nivået til pottemakeren. Det tok tusenvis av år for Gud å bygge det nye Jerusalem, Hans mesterverk, som er fylt med storslagent, nydelig, og perfekt ære til Byens Arkitekt.

Rent gull representerer tro og evig liv

Rent gull er hundre prosent gull uten noe som helst urenhet, og det er den eneste tingen som aldri forandrer seg her på jorden. På grunn av denne egenskapen, brukte mange land det som en standard for deres valutaer og valutakurser, og det er også brukt for dekorasjoner og industrielle grunner. Mange mennesker elsker og søker etter rent gull.

Grunnen til at Gud ga oss gull her på jorden er for å tillate oss å innse at det er ting som aldri endrer seg, og at en evig verden ikke eksisterer. Tingene her på jorden blir utslitt og forandrer seg ettersom tiden går. Hvis vi bare hadde slike ting, ville det vært hardt for oss å innse at det er et evig himmelrike med våres begrensede kunnskaper.

Det er på grunn av dette at Gud tillater oss å vite at det er evige ting gjennom dette gullet som aldri blir forandret. Det er for å innse at det er noe som aldri endres og for å ha håp for det evige himmelrike. Rent gull står for en åndelig tro som aldri blir forandret. Derfor, hvis du er klok, vil du prøve å få en tro som er lik det rene gullet som aldri blir forandret.

Det er mange ting som er laget av rent gull i himmelen. Forestill deg hvor takknemlig vi ville være bare ved å se på himmelen som er laget av rent gull, som vi ser på som det mest dyrebare her i livet på denne jorden.

Men de som ikke er kloke ser på gullet bare som en mulighet til å øke eller vise deres rikdom. Derfor holder de seg vekk ifra Gud og elsker Ham ikke, og de vil til slutt falle inn i tjernet med ilden eller det brennende svovelen i helvete, og angre for resten av livet: "Jeg ville ikke lide i helvete hvis jeg bare hadde tatt i

49

betraktning troen like kjærlig som jeg tok i betraktning gullet."

Derfor håper jeg at du vil bli klok og få himmelrike ved å prøve å få den uendrede troen, ikke gullet her i verden som du må la være tilbake når livet ditt her på jorden tar slutt.

Juvelene står for Guds ære og kjærlighet

Juveler er solide og har høy brytningsindeks. De både har og gir ut vakre farver og lys. Siden det ikke er laget mye av det, er det elsket av mange mennesker og betraktet for å være kostbart. I himmelen vil Gud kle på de som er i himmelen på grunn av troen i fint lintøy, og dekorere dem med mange juveler for å gi uttrykke for Hans kjærlighet.

Mennesker elsker juveler og prøver å gjøre seg selv vakrere ved å dekorere seg med forskjellige utsmykninger. Hvor deilig ville det ikke være hvis Gud ga deg mange briljante juveler i himmelen?

En vil kanskje spørre, "Hvorfor trenger vi juveler i himmelen?" Juvelene i himmelen representerer Guds ære, og hvor mye juveler som en får representerer hvor mye kjærlighet Gud har for den personen.

Det er mangfoldige slags farvede juveler i himmelen. For de tolv grunnvoldene i det nye Jerusalem, er det saffirer med en gjennomsiktig blå farve; smaragd med en gjennomsiktig grønn farve; mørk rød rubin; og gjennomsiktig gul-grønn krysolitt. Beryll er blå-grønn som minner oss om klart sjøvann, og topas har en mild oransje farve. Krysopras er mørk grønn og delvis gjennomsiktig, og ametyst har en lys fiolblå eller mørk lilla farve.

Utenom disse, er det utallige juveler som har og som utgir

vakre farver som jaspis, kalsedon, sardonyks, og hyasint. Ale disse juvelene har forskjellige navn og egenskaper akkurat som juvelene her på jorden. Farvene og navnene til hver juvel er satt sammen for å vise verdigheten, stoltheten, verdien og æren.

Akkurat som juvelene her på jorden utgir forskjellige farver og lys i forskjellige vinkler, har juveler i himmelen forskjellige lys og farver, og juvelene i det nye Jerusalem skinner og reflekterer spesielt lys dobbelt og tredobbelt.

De juvelene er ganske tydelig vakrere uten sammenligning enn de som er funnet her på jorden på grunn av at selve Gud har pusset malmene med makten av dens skapelse. Derfor sa apostelen Paulus at skjønnheten med det nye Jerusalem er akkurat som de skjønneste stenene.

Juvelen i det nye Jerusalem gir også ut mye vakkrere lys enn de i andre bosteder, fordi Guds barn som kommer inn til det nye Jerusalem vil fullstendig ha utført Guds hjerte og gitt Han ære. Derfor er både innsiden og utsiden til det nye Jerusalem pyntet med mange slags vakre juveler i forskjellige farver. Men likevel er disse juvelene ikke gitt til alle, men belønnet ifølge hver persons troende gjerninger her på jorden.

2. Veggene i Det Nye Jerusalem er Laget av Jaspis

Johannes' åpenbaring 21:18 sier at veggene i det nye Jerusalem var "laget av jaspis." Kan du forestille deg hvor store veggene til det nye Jerusalem som er laget av jaspis rundt hele ville bli?

Jaspis står for åndelig tro

Denne jaspisen som er funnet her på jorden er vanligvis en massiv og dunkel sten. Dens farve varierer fra grønn, rød, til gulgrønn. Noen av dens farver er blandet sammen eller noen av dem har prikker. Dens fasthet vil være forskjellig, avhengig av farven. Jaspis er relativt billig og noen av dem brekker lett, men den himmelske jaspisen som er laget av Gud vil aldri hverken forandrer seg eller brekke. Himmelsk jaspis har en blåhvit farve og er så klar at når du ser på den, føler du det som om du ser inn i en mengde med klart vann. Selv om det ikke kan bli sammenlignet med noe her på jorden, er det i likhet med briljante, blålige sol lys som blir reflektert mot bølgene i havet.

Denne jaspis står for åndelig tro. Troen er det mest vesentlige og fundamentale ingrediensen til å lede et kristelig liv. Uten troen kan du hverken motta frelse eller tilfredstille Gud. Videre, uten troen som kan tilfredstille Gud, kan du ikke komme inn til det nye Jerusalem.

Derfor er Byen det nye Jerusalem bygget med troen, og juvelen som kan utrykke farven til denne troen er jaspis. Dette er grunnen til at veggene i det nye Jerusalem er laget av jaspis.

Hvis Bibelen forteller oss "Veggene til det nye Jerusalem er laget av troen," ville menneskene kunne forstå et slikt utrykk? Selvfølgelig kunne det ikke bli forstått med menneskelige tanker og det ville blitt veldig hardt for mennesker selv å prøve å forestille seg hvor vakkert det nye Jerusalem er dekorert.

Veggene som er laget av jaspis skinner klart som lyset til Guds ære, og er dekorert med mange mønster og skisser.

Byen det nye Jerusalem er mesterverket til Gud Skaperen og stedet for den evige hvile for den beste frukten fra 6,000 år med menneskelig oppdragelse. Hvor vidunderlig, vakkert, og klokt ville ikke Byen være?

Vi må innse at det nye Jerusalem er laget med den beste teknologien og utstyret og med en mekanikk som vi ikke engang kan forestille oss.

Selv om veggene er gjennomsiktige, er ikke innsiden synlig utenfra. Men dette betyr allikevel ikke at menneskene inne i Byen føler det som om de er holdt fengslet innenfor bymurene. Innbyggerne i det nye Jerusalem kan se utenfor Byen innenfra og dette føles som om det ikke er noen vegger. Hvor vidunderlig ville ikke dette være!

3. Laget av Rent Gull og er like Gjennomsiktig som Klart Glass

Den siste delen av Johannes' åpenbaring 21:18 sier, *"Byen var av rent gull, akkurat som rent glass."* La oss nå kikke på gullets egenskaper for å hjelpe oss selv til å forstå det nye Jerusalem og å gripe fatt i dens skjønnhet.

Rent gull har en uforanderlig verdi

Gull ruster ikke i luften eller i vannet. Det forandrer seg ikke med tiden og viser ingen kjemisk reaksjon i nærheten av andre stoffer. Gud beholder alltid den samme, vakre glansen. Gullet her på jorden er altfor mykt, så vi lager derfor en metallblanding; i himmelen er gullet ikke for mykt. Gull og andre juveler i himmelen gir også ut forskjellige farver og har forskjellig fasthet enn de som er funnet her på jorden, på grunn av at de mottar lyset til Guds ære.

Til og med her på jorden, er skjønnheten og verdien av juvelene forskjellig i forhold til dyktigheten til håndverkeren. Hvor spesiell og vakker ville juvelene til det nye Jerusalem bli siden de er rørt og utskåret av selve Gud?

Det er ingen grådighet eller begjær om vakre og gode gjenstander i himmelen. Her på jorden har folk for vane å elske juveler på grunn av deres storslåtthet og innholdsløs berømmelse, men i himmelen elsker de juveler åndelig på grunn av at de kjenner den åndelige betydningen til hver av dem og de anholder Guds kjærlighet som gjorde istand og dekorerte himmelen med vakre juveler.

Gud laget det nye Jerusalem med rent gull

Hvorfor har Gud så laget Byen det nye Jerusalem med rent gull som er like klart som glass? Akkurat som vi forklarte før, står rent gull åndelig for troen, håpet som er født ved troen, rikdommene, ærene, og myndigheten. "Håp som er født ved troen" menes at du kan motta frelse, håp for det nye Jerusalem, kaste vekk dine synder, anstrenge seg for å frelse seg selv, og se frem til belønninger med håp fordi du har troen.

Derfor har Gud laget denne Byen med rent gull slik at de som kommer inn dit med et lidenskapelig håp, vil alltid bli fyllt med takknemlighet og glede.

Johannes' åpenbaring 21:18 forteller oss at det nye Jerusalem er "akkurat som klart glass." Dette er for å uttrykke hvor klart og fint landskapsbilde til det nye Jerusalem er. Gullet i himmelen er like klart og rent som glasset, i motsetning til det dunkle gullet som er funnet her på jorden.

Det nye Jerusalem er klart og fint og uten noen som helste flekker fordi det er laget av rent gull. Derfor så apostelen Johannes at Byen var akkurat som *"rent gull, akkurat som klart glass."*

Prøv å forestill deg Byen det nye Jerusalem som er laget av rent, fint gull og mange slags vakre juveler med mange farver.

Etter at jeg aksepterte Herren, så jeg på gull eller juveler som vanlige stener og hadde aldri noen ønsker om å eie dem. Jeg var full av håp om himmelen, og elsket ikke tingene her på denne jorden. Men når jeg ba for å lære om himmelen, sa Herren til meg, "I himmelen er alt laget av vakre juveler og gull; du burde elske disse." Han mente ikke at jeg burde begynne å samle på gull og juveler. Istedenfor skulle jeg innse Guds forsyn og den åndelige egenskapen til juvelene og elske dem slik Gud ville.

Jeg anbefaler deg til å åndelig elske gull og juveler. Når du ser gull, kan du tenke, "Jeg burde ha en tro akkurat som rent gull." Når du ser andre forskjellige juveler, kan du ha håp om himmelen, og si, "Hvor vakkert vil mitt hus i himmelen bli?"

Jeg ber i Herren Jesus Kristus navn at du vil ha et himmelsk hus som er laget av gull som aldri forandrer seg og storslåtte juveler ved å få troen akkurat som rent gull og forte seg mot himmelen.

5. kapittel

Betydningen av de Tolv Grunnmurene

1. Jaspis: Åndelig Tro
2. Safir: Hederlighet og Integritet
3. Kalsedon: Uskyldighet og Kjærlighetsoffer
4. Smaragd: Rettferdighet og Renhet
5. Sardonyks: Åndelig Trofasthet
6. Karneol: Lidenskapelig Kjærlighet
7. Krysolitt: Barmhjertighet
8. Beryl: Tålmodighet
9. Topas: Åndelig Godhet
10. Krysopras: Selvbeherskelse
11. Hyasint: Renhet og Hellighet
12. Ametyst: Skjønnhet og Ydmykhet

"Og grunnstene i stadens mur var prydet med allslags kostelig sten. Den første grunnstenen var jaspis, den annen safir, den tredje kalkedon, den fjerde smaragd, den femte sardonyks, den sjette sarder, den syvende krysolitt, den åttende beryll, den niende topas, den tiende krysopras, den ellevte hyasint, den tilvte ametyst."

- Johannes' åpenbaring 21:19-20 -

Apostelen Johannes fortalte detaljert om de tolv grunnsteinene. Hvorfor skrev Johannes en slik grundig rapport om det Nye Jerusalem? Gud vil gjerne at Hans barn skal få det evige livet og den virkelige troen gjennom kunnskapen om de åndelige betydningene av de tolv grunnsteinene i det Nye Jerusalem.

Hvorfor laget så Gud de tolv grunnsteinene av verdifulle steiner? Kombinasjonen av de tolv dyrebare steinene representerer hjertet til Jesus Kristus og Gud, kulminasjonen av kjærlighet. Så hvis du forstår den åndelige betydningen av hver og en av de tolv dyrebare steinene, kan du lett se hvor mye ditt hjerte ligner Jesus Kristus, og hvor kvalifisert du er til å kunne komme inn i det Nye Jerusalem.

La oss nå se på de tolv dyrebare steinene og hvilke åndelige betydninger de har.

1. Jaspis: Åndelig Tro

Jaspis, den første grunnsteinen i veggen til det Nye Jerusalem, står for den evige troen. Tro kan generelt sagt bli delt inn i "åndelig tro" og "kjødelig tro." Mens kjødelig tro bare er troen fylt med kunnskap, er det den åndelige troen sammen med gjerninger som kommer fra ens hjerte. Det Gud vil ha er ikke den kjødelige, men den åndelige troen. Hvis du ikke har åndelig tro, vil din "tro" ikke bli koblet sammen med gjerninger, og du kan verken tilfredsstille Gud eller komme inn til det Nye Jerusalem.

Åndelig tro er grunnlaget til det Kristelige livet

"Åndelig tro" refererer til troen hvor en kan tro på alle Guds Ord dypt inne i vårt hjerte. Hvis du har en slik tro som er fulgt med gode gjerninger, da vil du prøve å bli frelst og forte deg mot det Nye Jerusalem. Åndelig tro er den viktigste bestanddelen når en lever et Kristelig liv. Uten tro, kan du ikke bli frelst, motta svar på dine bønner, eller ha håp om himmelen.

Hebreerne 11:6 minner oss om at, *"Men uten tro er det umulig å tekkes Gud; for den som treder frem for Gud, må tro på at Han er til, og at Han lønner dem som søker Ham."* Hvis du har en sannferdig tro, da vil du tro på Gud som belønner deg, og så kan du være trofast, slåss mot syndene for så å kaste dem bort og så spasere videre den smale veien. Og du vil kunne iherdig gjøre gode ting og så komme inn til det Nye Jerusalem ved å følge den Hellige Ånd.

Tro er derfor grunnlaget til det Kristelige livet. Akkurat som en bygning ikke kan være sikker uten en god grunnmur, kan du ikke leve et riktig Kristelig liv uten en fast tro. Det er på grunn av dette at Judas 1:20-21 anbefaler oss, *"Men dere, elskede, oppbygg dere på deres høyhellige tro, be på den Hellige Ånd, og hold dere således i Guds kjærlighet, mens dere venter på vår Herre Jesu Kristi miskunn til evig liv!"*

Abraham, Troens Far

Den beste bibelske skikkelsen som tror på Guds Ord uendrende og som fullstendig viser lydighetens gjerninger, er Abraham. Han ble kalt 'Troens Far' fordi han viste perfekte,

uendrende og troende gjerninger.
Han mottok ord med store velsignelser ifra Gud når han var 75. Det var et løfte om at Gud ville skape en stor nasjon gjennom Abraham, og at Abraham ville bli grunnlaget for velsignelsen. Han trodde på dette ordet og forlot hans hjemby, men han fikk ikke sønnen som ville bli hans arving før 20 år senere.
Det gikk så lang tid at både Abraham og hans kone hadde begge blitt for gamle til å få barn. Men selv i en slik situasjon, sier Romerne 4:19-20, *"Han sluttet aldri å tro."* Hans tro ble bare sterkere, og trodde fullstendig på Guds løfte, og fikk så sønnen Isak da han var 100 år gammel.

Men det var et tilfelle til hvor Abrahams tro lyste skarpere. Dette var når Gud ba Abraham om å gi hans eneste sønn, Isak, som et offer. Abraham tvilte ikke på Guds Ord og sa at Gud ville gi ham mangfoldige arvinger gjennom Isak. Siden han hadde en slik fast tro på Guds Ord, trodde han at Gud ville vekke opp Isak, selv om han ga ham som et brennende offer.
Det er på grunn av dette at han adlød Guds Ord med det samme. Gjennom dette var Abraham mer kvalifisert enn noen til å bli troens far. Og gjennom Abrahams arvinger, ble Israel skapt. Dette betydde at hans tro også hadde stor virkning på hans kjødelige.
Siden han trodde på Gud og Hans Ord, gjorde han akkurat som han ble bedt om. Dette er et eksempel på åndelig tro.

Peter mottok nøkler til himmelens kongerike

La oss ta en titt på et slikt menneske som har en slik åndelig tro. Hva slags tro hadde apostelen Peter, siden hans navn ble inngravert på en av grunnsteinene i det Nye Jerusalem? Selv før han hadde blitt nevnt som en disippel, vet vi at Peter adlød Jesus; når Jesus for eksempel ba ham om å slenge ut et fiskegarn, adlød han med det samme (Lukas 5:3-6). Og når Jesus ba ham om å ta med et esel og hennes føll, adlød han også fordi han var troende (Matteus 21:1-7). Peter adlød når Jesus ba ham om å dra til tjernet, fang en fisk, og selg den (Matteus 17:27). Og han spaserte også på vannet akkurat som Jesus, selv om det bare var kort varig. Vi kan fra dette se at Peter hadde en enorm tro.

På grunn av dette så Jesus på Peters tro som rettferdig og ga ham nøkkelen til himmelens kongerike, og alt det han binder på jorden, skal være bundet i himmelen, og det han løser på jorden, skal være løst i himmelen (Matteus 16:19). Peter fikk en større tro etter at han mottok den Hellige Ånd, ga en modig tilståelse til Jesus Kristus, og ga seg selv til Guds kongerike, og resten av sitt liv helt til han ble en martyr.

Vi burde lene oss imot himmelen på samme måte som Peter gjorde, lovprise Gud, og ta imot det Nye Jerusalem gjennom troen som vil tilfredsstille Ham.

2. Safir: Hederlighet og Integritet

Safir, den andre grunnsteinen i veggen til det Nye Jerusalem, utgir en gjennomsiktig, mørk, blå farge. Så hva betyr så safir åndelig? Det står for selve sannhetens oppriktighet og integritet, som står fast imot noen slags fristelser eller trusler her i verden. Safir er en stein som står for sannhetens lys som kan holde seg rett uten å endre seg, og det "oppriktige hjerte" som viser at hele Guds vilje er riktig.

Daniel og hans tre venner

Et godt eksempel på den åndelige oppriktigheten og integriteten i bibelen kan bli funnet i Daniel og hans tre venner – Shadrak, Meshak og Abed-nego. Daniel kompromitterte ikke med noe som ikke var i samsvar med Guds rettferdighet, selv om ordren kom fra selve kongen. Daniel holdt fast på hans rettferdighet overfor Gud helt til han ble satt inn i løvehulen. Gud var så tilfreds med integriteten av Daniels tro at Han beskyttet Daniel ved å sende Hans engel for å lukke munnen til løvene, og lot ham derfor lovprise Gud meget høyt.

Daniel 3:16-18 sier at Daniels tre venner holdt seg også fast på troen gjennom deres oppriktige hjerter helt til de ble kastet inn i den brennende ovnen. For ikke å begå synden om å tilbe idoler, tilstod de modig overfor kongen følgende:

> *Kjære Nebukadnesar, vi behøver ikke å gi deg noe svar med hensyn til dette. Hvis det er slik det skal være vil den Gud som vi tjener kunne redde oss ifra den brennende ovnen; og Han vil ta oss vekk ifra deg, kjære konge. Men selv om Han ikke gjør det, vil jeg fortelle deg, kjære konge, at vi ikke vil tjene dine guder eller tilbe ditt gylne speilbilde som du har satt opp.*

På slutten, selv om de hadde blitt kastet inn i en ovn som var sju ganger varmere enn vanlig, ble Daniels tre venner ikke brent i det hele tatt fordi Gud hadde vært sammen med dem. Hvor utrolig er det ikke at selv ikke et eneste hår på deres hodet hadde blitt brent, og det luktet ikke noe røk av dem! Kongen som var vitne til alt dette lovpriste Gud, og forfremmet Daniels tre venner.

Vi burde spørre gjennom troen, uten noen som helst tvil

Jakob 1:6-8 forteller oss hvor mye Gud hater hjerter som ikke er oppriktige:

> *Men han må spørre gjennom troen uten noen som helst tvil, for han som tviler er akkurat som bølgene på havet, drevet og blåst av vinden. For denne mannen burde ikke forvente noe ifra Herren siden han er et ubesluttsomt menneske, og er ustabil på alle måter.*

Hvis vi ikke har oppriktige hjerter og tviler bare litt på Gud, betyr dette at vi er ubesluttsomme. De som tviler har en tendens til å lett bli ristet av fristelsene her i verden fordi de er uoppmerksomme og slue. Det vil også si at de som er "ubesluttsomme" og ikke kan se æren til Gud fordi de enten ikke kan demonstrere troen deres eller være lydige. Det er på grunn av dette at vi blir minnet på i Jakob 1:7, *"at mennesker ikke burde forvente at de vil få noe ifra Herren."*

Rett etter grunnleggelsen av min kirke, døde mine tre døtre nesten av karbonmonoksid forgiftning. Men jeg hadde fremdeles ikke noen angst i det hele tatt, og tenkte heller ikke at jeg måtte ta dem til hospitalet fordi jeg trodde fullstendig på den allmektige

Gud. Jeg dro simpelthen opp til alteret og knelte ned og ba med takknemlighet. Etter dette ba jeg gjennom troen, "Jeg befaler gjennom Jesus Kristus navn! Giftig gass, forsvinn!" Da stod døtrene mine, som hadde vært bevistløse, opp en etter en idet jeg ba for hver av dem. Flere av kirkemedlemmene som var vitne til dette var så forbløffet og lykkelige, og lovpriste Gud veldig høyt.

Hvis vi har en tro som aldri vil kompromittere med denne verden og oppriktige hjerter som tilfredsstiller Gud, da kan vi lovprise Ham uten noen grenser og leve velsignede liv gjennom Kristus.

3. Kalsedon: Uskyldighet og Kjærlighetsoffer

Kalsedon, den tredje grunnsteinen i veggen til det Nye Jerusalem, symboliserer åndelig uskyldig og beskyttende kjærlighet.

Uskyldighet er hvor en er ren og holder seg til gode gjerninger, og har et hjerte som ikke har noen feil. Når en kan ofre seg selv gjennom et rent hjerte, er dette et åndelig hjerte som inneholder kalsedon.

Ofrende kjærlighet er en slags kjærlighet som aldri vil spørre om noe tilbake hvis det viser rettferdigheten ifra Guds kongerike. Hvis en har en ofrende kjærlighet, vil han bare bli tilfreds fordi han elsker andre i alle slags situasjoner og ikke søker etter noe tilbake. Dette er fordi åndelig kjærlighet ikke søker etter ens eget gagn, men bare etter andres goder.

Med kjødelig kjærlighet på den annen side, vil en føle seg tom, trist, og hjerteknust hvis han ikke blir elsket tilbake av andre, fordi en slik kjærlighet er egentlig selvgod. En med kjødelig kjærlighet uten et ofrende hjerte kan derfor til slutt hate andre eller bli fiender med de som før hadde vært deres nære venner. Vi må derfor innse at en virkelig kjærlighet er Herrens kjærlighet, Han som elsket alle mennesker og ble et bøtende offer.

Ofrende kjærlighet som ikke søker etter noe tilbake

Vår Herre Jesus, som hadde samme egenskapen som Gud, laget ikke noe til seg selv, og bare senket seg selv og kom hit til denne verden som kjødelig for å redde alle mennesker. Han var født i en stall og lagt i en krybbe for å redde de mennesker som er akkurat som dyr, og levde fattig hele Hans liv for å redde oss ifra fattigdom. Jesus helbredet de syke, styrket de svake, ga håp til de hjelpeløse, og ble venner med de forsømte. Han viste oss bare godhet og kjærlighet, men ble hånet, slått og til slutt korsfestet for dette. Han måtte også ha på seg en krone laget av torner, og som hadde blitt laget av onde mennesker som ikke innså at Han hadde kommet hit som vår Frelser.

Selv når Jesus led av smerter da Han hang på korset, ba Han til Gud Faderen gjennom kjærlighet for de som hadde hånet og korsfestet Ham. Han var uklanderlig og uten skyld, men ofret seg selv for menneskene som er syndere. Vår Herre ga en slik ofrende kjærlighet til alle mennesker og vil gjerne at alle skal elske hverandre. Så vi som har mottatt en slik kjærlighet ifra Herren, burde ikke ønske om eller forvente å få noe tilbake hvis vi virkelig elsker andre.

Ruth som viste ofrende kjærlighet

Ruth var ikke en israeler, men en kvinne ifra Moab. Hun giftet seg med en av sønnene til Naomi, som hadde kommet til landet Moab for å flykte ifra hungersnøden i Israel. Naomi hadde to sønner, og de begge giftet seg med kvinner ifra Moab. Men begge hennes to sønner døde der.

Når Naomi under disse omstendighetene hørte at hungersnøden i Israel var over, ville hun gjerne dra tilbake til Israel. Naomi foreslo til hennes svigerdatter at de burde holde seg i Moab, deres hjemland. En av dem nektet først, men dro så tilbake til hennes foreldre. Men Ruth insisterte på at hun skulle følge hennes svigermor.

Hvis Ruth ikke hadde hatt ofrende kjærlighet, kunne hun ikke ha gjort det. Ruth måtte støtte hennes svigermor fordi hun var veldig gammel. Hun skulle også leve i et land som hun ikke kjente til i det hele tatt. Det fantes ikke noen belønning for henne, selv om hun tjente hennes svigermor veldig godt.

Ruth ofret kjærlighet til hennes svigermor som hun ikke slektet på i det hele tatt, og som også var et fullstendig fremmed menneske. Dette var fordi Ruth også trodde på den samme Gud som hennes svigermor. Dette betydde at Ruths kjærlighet som hun ofret til henne kom ifra hennes sans for forpliktelse. Det var åndelig kjærlighet som kom ifra troen på Gud.

Ruth kom til Israel sammen med hennes svigermor og arbeidet veldig hardt. På dagen samlet hun sammen ting fra åkrene for så å gi det til hennes svigermor. Denne gode gjerningen ble helt naturlig godt kjent til menneskene der. Ruth mottok til slutt mange velsignelser gjennom Boas, som var deres families frelser blant slektningene til hennes svigermor.

Mange mennesker tror at hvis de ydmyker seg selv, da vil også deres verdi bli senket. Det er derfor mange ikke kan verken ofre eller ydmyke seg selv. Men de som ydmyker seg selv uten noen som helst egoistiske motiver, men med et rent hjerte, vil bli avslørt overfor Gud og menneskene. Godheten og kjærligheten vil skinne for andre som åndelige lys. Gud sammenlikner lyset fra denne ofrende kjærligheten til lyset fra kalsedon, den tredje grunnsteinen.

4. Smaragd: Rettferdighet og Renhet

Smaragd, den fjerde grunnsteinen i veggene i det Nye Jerusalem, er grønn og symboliserer naturens vakre og søte skjønnhet. Smaragd symboliserer åndelig rettferdighet og renhet og står for lysets frukt som det har blitt skrevet om i Efeserne 5:9, *"For lysets frukt viser sig i all godhet og rettferdighet og sannhet."* Fargen som har harmonien til 'all godheten og rettferdigheten og sannheten' er den samme som det åndelige lyset til smaragden. Bare når vi har all godheten, rettferdigheten og sannheten kan vi ha en riktig rettferdighet i Guds øyne.

Det kan ikke bare være godhet uten rettferdighet eller bare rettferdighet uten godhet. Og denne godheten og rettferdigheten må være sannferdig. Sannheten er noe som aldri endrer seg. Så selv om vi er gode og er rettferdige, er det meningsløst uten sannferdigheten.

Den "rettferdigheten" som Gud anerkjenner er å kaste bort synder, å fullstendig holde på lovene som en finner i Bibelen, renser seg selv ifra alle slags urettferdige ting, og være trofaste gjennom hele livet, og liknende. Å søke etter Guds kongerike og rettferdighet gjennom Guds vilje, strikte og disiplinerte handlinger, ikke komme på avveie ifra rettferdigheten, holde seg på rette kjøl, og resten tilhører all den "rettferdigheten" som Gud anerkjenner.

Samme hvor milde og gode vi er, vil vi ikke kunne gi fruktens lys hvis vi ikke er rettferdige. Hva hvis noen griper fatt i halsen til din far og fornærmer ham selv om han er uskyldig. Hvis du ikke sier noe og bare ser på at din far lider, kan vi ikke kalle dette rettferdighet; du kan ikke si at du holder din forpliktelse som din fars sønn.

Godhet uten rettferdighet er derfor ikke åndelig "godhet" i Guds øyne. Hvordan kan et lurt og ubesluttsomt sinn være godt? Men på den annen side, kan heller ikke rettferdighet uten godhet være "rettferdig" i Guds øyne, men bare i ens eget syn.

Davids rettferdighet og renhet

David var Israels andre konge, like etter Saulus. Når Saulus var konge, slåss israelittene imot Palestina.

David tilfredsstilte Gud med hans tro og seiret over Goliat. Gjennom dette seiret Israel.

Og når mennesker elsket David etter dette, prøvde Saulus å drepe David på grunn av hans sjalusi. Saulus hadde allerede blitt forlatt av Gud på grunn av hans arroganse og ulydighet. Gud lovte at Han ville gjøre David til Konge i stedet for Saulus. I denne situasjonen behandlet David Saulus med godhet, rettferdighet, og sannferdighet. Siden David var uskyldig måtte han rømme ifra Saulus som i lang tid prøvde å drepe ham. En gang hadde David god sjanse til å drepe Saulus. Krigerne som var sammen med David var glade og ville gjerne drepe Saulus, men David stoppet dem.

1 Samuel 24:6 sier, *"Og han sa til sine menn: 'HERREN fri meg fra å gjøre slikt mot min ERRE, mot HERRENs salvede, og legge hånd på ham! For HERRENs salvede er han.'"*

Selv om Saulus hadde blitt forlatt av Gud, kunne ikke David, som hadde blitt valgt til konge av Gud, skade Saulus. Myndigheten om Saulus skulle leve eller dø lå hos Gud, og David kunne ikke gå utenfor hans makt. Gud sa at dette hjerte til David var et rettferdig hjerte.

Hans rettferdighet ble avslørt sammen med hans rørende godhet. Saulus prøvde å drepe ham, Men David skånet Saulus liv. Dette er utrolig mye godhet. Han betalte ikke ondskap med ondskap, men sa bare og gjorde bare gode ting. Denne godheten og rettferdigheten var sannferdig, som betyr at den kommer ifra selve sannheten.

Når Saulus fikk vite at David hadde skånet hans liv, ble han rørt av godheten og virket som om hans hjerte endret seg. Men ikke lenge etterpå endret hans tanker seg igjen, og så prøvde han igjen å drepe David. En gang til fikk David en sjanse til å drepe Saulus, men akkurat som før lot han Saulus leve. Davids godhet og rettferdighet endret seg ikke uten at det ville blitt anerkjent av Gud.

Så hvis David hadde drept Saulus når han første hadde sjansen, ville han så kunne blitt konge uten å gå gjennom all denne lidelsen? Selvfølgelig kunne han det. Selv om vi i virkeligheten må gå gjennom flere lidelser og vanskeligheter, burde vi ha hjerte til å velge Guds rettferdighet. Og hvis vi en gang blir anerkjent som rettferdige av Gud, da vil det nivået av Guds forsikring bli forskjellig.

David drepte ikke Saulus selv. Saulus ble drept av Hedninger. Og David ble så valgt til Israels konge av Gud. Etter at David ble konge, kunne han også skape et veldig sterkt rike. Den mest fundamentale grunnen til dette var fordi Gud var veldig tilfreds med hvor rettferdig og rent hjerte til David var.

På samme måte må vi holde oss harmoniske og perfekte i godheten, rettferdigheten, og sannheten, slik at vi kan gi massevis av gode resultater fra lyset, smaragden, den fjerde grunnsteinen, og utgi en strålende aroma gjennom rettferdigheten som Gud er tilfredsstilt med.

5. Sardonyks: Åndelig Trofasthet

Sardonyks, den femte grunnsteinen i veggene til det Nye Jerusalem, symboliserer åndelig trofasthet. Hvis vi bare gjør det vi burde gjøre, da kan vi ikke si at vi er troende. Vi kan si at vi er troende når vi gjør mer enn det vi burde gjøre. Hvis vi gjør mer enn det vi er forpliktet til, da kan vi ikke bli sett på som late. Vi må være iherdige og arbeide hardt på alle måter når vi gjør vårt arbeide og så må vi gjør mer enn det vi allerede er forpliktet til. Anta at du er en ansatt. Hvis du så bare gjør det du er forpliktet til, kan vi så si at du er troende? Du gjorde bare det du måtte gjøre, så vi kan ikke si at du arbeider hardt eller er trofast. Du burde ikke bare fullføre det arbeide som har blitt tildelt deg, men også gjøre ting som ikke opprinnelig ble gitt til deg. Og det burde komme ifra ditt hjerte og sinn. Bare da kan en si at du er trofast.

Det harde trofaste arbeide som Gud anerkjenner er det som du gjør og som kommer fra ditt hjerte, sinn, sjel, og liv. Og en slik trofasthet må bli synlig over alt: kirke, arbeidsplass, og familie. Da kan vi si at du er trofast i alle Guds hus.

Å være åndelig trofast

For å ha en åndelig tro, burde vi først ha et rettferdig hjerte. Vi burde arbeide på å gjøre Guds kongerike større, for at kirken skal ha oppvekkelse og vekst, for arbeidsplassen å være vellykket, og for at familien skal være lykkelig. Hvis vi ikke søker etter vårt eget gagn, men har ønsker om at andre og samfunnet vi lever i skal være vellykket, vil dette bety å ha et rettferdig hjerte.

Å være trofast sammen med det å ha et rettferdig hjerte, burde vi også ha et ofrende hjerte. Hvis vi bare tenker, "Det som er mest viktig, er min egen lykke, og ikke om kirken vokser eller ikke," da vil vi sikkert ikke ofre oss for kirken. Vi kan ikke finne trofasthet fra en slik person. Gud kan heller ikke si at et slikt hjerte er et rettferdig hjerte.

I tillegg til en slik rettferdighet, vil vi også arbeide trofast for sjelens og kirkens frelse hvis vi har et hjerte som er klart til å ofre seg. Selv om vi ikke har en spesiell oppgave, vil vi iherdig forkynne evangeliet. Selv om ingen spør oss om det, vil vi ta vare på andre sjeler. Vi vil også ofre vår fri tid for å ta vare på andre sjeler. Vi vil også bruke våre egne penger på andre og gi dem alle vår kjærlighet og trofasthet.

For å kunne være trofast på alle områder, burde vi også ha gode hjerter. De som har gode hjerter vil ikke bare være tilbøyelige overfor en av sidene. Hvis vi har forsømt et visst punkt, vil vi ikke være komfortable med det hvis vi har et godt hjerte.

Hvis vi har et godt hjerte, da vil vi være trofaste i alt det vi gjør. Du vil ikke forsømme den andre gruppen ved å tenke, "Siden jeg er lederen av denne gruppen, vil medlemmene i den andre gruppen forstå hvorfor jeg ikke kan komme til deres møte." Du kan føle det innerst inne at du ikke burde forsømme den andre gruppen. Så selv om du ikke kan være til stede på møte, vil du gjøre noe for å vise at du også har omsorg for den andre gruppen.

Hvor stor en slik holdning kan være, vil være forskjellig ifølge hvor mye godhet du har. Hvis du ikke er veldig god, da vil du ikke engang bekymre deg mye om den andre gruppen. Men hvis du har veldig mye godhet, da vil du ikke bare ignorere det når noe får deg til at du føler deg dårlig til mote. Du vet hva gode gjerninger er, og hvis du ikke fullfører slike gode ting, vil du føle deg ille til mote. Du vil bare kunne føle fred når du gjør gode ting.

De som er gode i hjerte, vil snart føle seg ille i hjerte hvis de ikke kan gjøre det som de burde gjøre i alle omstendigheter, samme om det gjelder arbeidsplassen eller hjemme. De gir ikke engang unnskyldninger om at de ikke kunne gjøre noe på grunn av visse omstendigheter.

Anta at det for eksempel er et kvinnelig medlem som har mange titler i kirken. Hun oppholder seg mye i kirken. Generelt sagt vil hun tilbringe mindre tid sammen med mannen og barna sine enn det hun før hadde gjort.

Hvis hun virkelig har et godt hjerte og er trofast på alle måter, må hun gi mannen hennes og barna mer kjærlighet og ta bedre vare på dem siden hennes tid med dem nå har blitt redusert. Hun må gjøre hennes beste på alle måter og i alt det hun gjør.

Da vil menneskene rundt henne kunne føle den sannferdige aromaen fra hennes hjerte og bli tilfredsstilt. Siden de føler godheten og den sannferdige kjærligheten, vil de prøve å forstå og hjelpe henne. Og på grunn av dette vil hun holde fred med alle. Det er dette som er å holde seg trofast i alle Guds hus gjennom et godt hjerte.

Akkurat som Moses som var trofast i alle Guds hus

Moses var en profet som ble anerkjent av Gud til en slik grad at Gud snakket med ham ansikt til ansikt. Moses fullførte fullstendig alle hans forpliktelser slik at han kunne fullføre tingen som Gud hadde befalt om, og ikke ga mange tanker til hans egne vanskeligheter. Menneskene i Israel fortsatte med å klage og være ulydige når de møtte litt vanskeligheter, selv etter at de hadde vært vitne til og erfart under og tegn ifra Gud, men Moses ledet dem hele tiden gjennom troen og kjærligheten. Selv når Gud ble sint på israelittene på grunn av deres synder, snudde ikke Moses seg vekk ifra dem. Han vendte seg vekk ifra HERREN, og sa følgende:

Akk, dette folk har gjort en stor synd; de har gjort seg en gud av gull. Men om du ville forlate dem deres synd! Men hvis ikke, da slett meg ut av din bok som du har skrevet! (2. Mosebok 32:31-32)

Han fastet på vegne av folket, risikerte sitt eget liv, og var mer trofast enn Gud hadde forventet av ham. Det er derfor Gud anerkjente og ga Moses sikkerhet ved å si, *"Han er trofast i alle Mine hus"* (4. Mosebok 12:7).

Trofastheten som sardonyksen symboliserer burde også være trofast helt til døden akkurat som det skrevet i Johannes Åpenbaring 2:10. Dette er bare mulig når vi først elsker Gud. Det er å gi alle våre penger og tid, og til og med livet, og gjøre mer enn det vi blir bedt om å gjøre, og la alt komme fra hjerte.

I gamle dager fantes det lojale kelnere som hjalp kongen og som var trofaste overfor landet deres, til og med ved å ofre deres egne liv. Hvis kongen deres var en tyrann, virkelige lojale kelnere ville råde kongen til å gå den rette veien, selv om dette lett ville betydd at de måtte ofre deres egne liv. De kunne blitt forvist ut av landet eller drept, men de var lojale fordi de elsket kongen og landet, selv om denne kjærlighet tok livet deres.

Vi må først elske Gud for å kunne gjøre mer enn det som blir forventet av oss, slik som disse lojale tjenere ga opp deres egne liv for landet, og måten Moses var trofast i alle Guds hus for å kunne fullføre Guds kongerike og Hans rettferdighet. Vi burde derfor hurtig redde oss selv og være trofaste på alle sider av livet vårt, slik at vi kan bli kvalifiserte til å komme inn til det Nye Jerusalem.

6. Karneol: Lidenskapelig Kjærlighet

Sard har en gjennomsiktig, mørk rød farge og symboliserer den hete solen. Det er den sjette grunnsteinen i veggene i det Nye Jerusalem og symboliserer åndelig lidenskap, entusiasme, og lidenskapelig kjærlighet gjennom fullførelse av Guds kongerike og rettferdighet. Det er et hjerte hvor en trofast kan fullføre de gitte oppgavene og forpliktelsene med all vår styrke.

Forskjellige nivåer med lidenskapelig kjærlighet

Det finnes mange nivåer med kjærlighet, og det kan generelt sagt bli delt opp i åndelig kjærlighet og kjødelig kjærlighet. Åndelig kjærlighet vil aldri endre seg fordi vi får det ifra Gud, men kjødelig kjærlighet kan lett endre seg fordi det er egoistisk.

Samme hvor sann kjærligheten til verdslige mennesker er, kan den aldri bli som åndelig kjærlighet, som er Herrens kjærlighet som bare kan oppnås gjennom sannheten. Vi kan ikke få åndelig kjærlighet med en gang vi aksepterer Herren og får kjennskap til sannheten. Vi kan bare skaffe oss det etter at vi har oppnådd Herrens hjerte.

Har du åndelig kjærlighet? Du kan kikke på deg selv gjennom definisjonen av åndelig kjærlighet som en finner i 1. Korinterne 13:4-7.

Kjærligheten er langmodig, er velvillig; kjærligheten bærer ikke avind, kjærligheten brammer ikke, opp blåses ikke, den gjør intet usømmelig, søker ikke sitt eget, blir ikke bitter, gjemmer ikke på det onde; den gleder seg ikke over urettferdighet, men gleder seg ved sannhet; den utholder alt, tror alt, håper alt, tåler alt.

Hvis vi for eksempel er tålmodige men egoistiske, eller ikke lett blir sinte men er uforskammede, da har vi ikke en åndelig kjærlighet som Paulus skriver om; vi må ikke mangle en eneste ting for å kunne si at vi har åndelig kjærlighet.

Hvis du på den annen side er litt ensom eller føler litt tomhet selv om du tror at du har åndelig kjærlighet, er dette fordi du gjerne vil ha ting tilbake etter at du selv har gjort noe for andre, uten at du selv er klar over det. Ditt hjerte har ikke ennå blitt fylt med sannheten fra den åndelige kjærligheten.

Men hvis du på den annen side blir fylt med åndelig kjærlighet, da vil du aldri føle deg ensom eller tom, men alltid være glad, lykkelig, og takknemlig. Åndelig kjærlighet vil juble når en gir: jo mer du gir, jo gladere, mer takknemlig, og lykkeligere vil du bli.

Åndelig kjærlighet vil juble over selve handlingen av å gi

Romerne 5:8 forteller oss, *"Men Gud viser sin kjærlighet mot oss derved at Kristus døde for oss mens vi ennå var syndere."*

Gud elsker Jesus, Hans eneste Sønn, så mye fordi Jesus er selve sannheten som likner selve Gud. Men fremdeles ga Han Hans egen Sønn som offer. Hvor stor og mektig er ikke Guds kjærlighet!

Gud demonstrerer hans kjærlighet for oss ved å ofre Hans eneste Sønn. Det er derfor det står i 1. Johannes 4:16, *"Og vi har kjent og trodd den kjærlighet som Gud har til oss. Gud er kjærlighet, og den som blir i kjærligheten, han blir i Gud, og Gud blir i ham."*

For å kunne komme inn til det Nye Jerusalem, må vi ha Guds kjærlighet hvor vi kan ofre oss selv, og gledelig gi til andre slik at vi kan gi bevis på at vi lever gjennom Gud.

Apostelen Paulus lidenskapelige kjærlighet for sjelene

Den bibelske skikkelsen som har et slikt lidenskapelig hjerte som sard ved å gi seg selv til Guds kongerike, er apostelen Paulus. Fra øyeblikket da han møtte Herren, helt til han døde, forandret aldri hans kjærlige handlinger seg. Som apostelen for Hedningene, reddet han mange sjeler og startet mange kirker gjennom hans tre misjonær reiser. Helt til han ble myrdet i Roma, forkynte han hele tiden om Jesus Kristus.

Som Hedningenes apostel var Paulus veldig hard og var stadig i fare. Han befant seg i mange livsfarlige situasjoner og jødene fordømte ham hele tiden. Han ble slått i fengsel, og ble forliste tre ganger. Han gitt uten søvn, han var ofte sulten og tørst, og han holdt ut både kald og varm temperatur. Under hans misjonær reiser, fantes det alltid mange situasjoner som var vanskelig for menneskene å tåle.

Men Paulus angret aldri på hans valg. Han hadde aldri noen midlertidige tanker som, "Det er vanskelig og jeg vil gjerne hvile selv om det bare er for en liten stund..." Hans hjerte ble aldri påvirket, og han fryktet aldri noe. Selv om han opplevde mange problemer, var hans bekymringer hovedsakelig for kirken og dens etterfølgere.

Det var akkurat som han tilstod i 2. Korinterne 11:28-29, *"Foruten alt annet har jeg ennå det daglige overløp, omsorgen for alle menighetene. Hvem er skrøpelig uten at også jeg blir skrøpelig? Hvem voldes anstøt uten at det brenner i meg?"*

Helt til han til slutt ga opp hans liv, viste Paulus lidelse og glød idet han forsøkte å frelse sjelene. Vi kan se hvor lidenskapelig hans ønske om frelse av sjelene i Romerne 9:3 var, som sier, *"For jeg ville ønske at jeg selv var forbannet bort fra Kristus for mine brødre, mine frender efter kjøttet."*

Her er ikke 'mine brødre' bare hans slektninger. Det refererer til alle israelittene, medregnet jødene som fordømte ham. Han sa at han til og med bare kunne velge å gå til helvete hvis de mottok frelse. Vi kan se hvor mektig hans lidenskapelig kjærlighet var for sjelene og hvor mektig hans glød var for deres frelse.

En slik lidenskapelig kjærlighet for Herren, gløden og anstrengelsen for andres frelse er representert av den røde fargen sard.

7. Krysolitt: Barmhjertighet

Krysolitt, den sjuende grunnsteinen til veggen i det Nye Jerusalem, er en gjennomsiktig eller forså vidt gjennomsiktig stein som kan virke gul, grønn, blå, og rosa i farge eller kan til tider virke helt gjennomsiktig.

Hva symboliserer krysolitt åndelig? Den åndelige meningen med barmhjertighet er å forstå gjennom sannhet noen som en ikke kan forstå i det hele tatt, og å tilgi en person som en absolutt ikke kan tilgi. Å forstå og tilgi 'gjennom sannheten' er å forstå og tilgi gjennom den gode kjærligheten. Å ha en barmhjertighet hvor en kan omfavne andre med kjærlighet, er barmhjertigheten som blir symbolisert av krysolitt.

De som har en slik barmhjertighet har ingen fordømmelse. De tenker ikke, 'Jeg liker ham ikke på grunn av det. Jeg liker ikke henne på grunn av det.' De verken hater eller misliker noen. Og de vil selvfølgelig ikke være fiendtlige i det hele tatt.

De vil bare kikke på og se på alt med gode tanker. De vil bare omfavne alle. Så selv når de møter en person som har vært veldig syndig, vil de bare vise medlidenhet. De hater syndene, men ikke selve synderen. De vil heller prøve å forstå ham og omfavne ham. Dette er barmhjertighet.

Barmhjertighetens hjerte avslørt gjennom Jesus og Steven

Jesus viste Hans barmhjertighet til Judeas Iskariot som forrådet Ham. Jesus visste helt fra begynnelsen at Judas Iskariot ville bedra Ham. Men Jesus ekskluderte ham ikke og holdt seg heller ikke vekk ifra ham. Han mislikte eller hatet ham heller ikke. Jesus elsket ham helt til slutt og han ga Judas sjansen til å endre seg. Et slikt hjerte er et barmhjertig hjerte.

Selv når Jesus ble spikret på korset, verken klaget eller hatet Han noen. Han ba heller om hjelp for de som ga Ham smerter og som skadet Ham, akkurat som det ble skrevet i Lukas 23:34, *"Fader, forlat dem! for de vet ikke hva de gjør."*

Steven hadde også en slik barmhjertighet. Selv om Steven ikke

var en apostel, var han full av nåde og makt. Onde mennesker var misunnelig på ham og slo ham til slutt i hjel. Men selv når han ble slått i hjel, ba han heller for de som drepte ham. Det står i Apostlenes Gjerninger 7:60, *"Og han falt på kne og ropte med høy røst: 'Herre, tilregn dem ikke denne synd!' Og som han hadde sagt dette, sov han inn."*
Det faktum at Steven ba for de som var ved å drepe ham beviser at han allerede hadde tilgitt dem. Han hatet dem ikke i det hele tatt. Dette viser at han hadde en perfekt barmhjertighet for å kunne ha en slik medlidenhet med disse menneskene.

Hvis det er noen som du hater eller ikke liker blant dine familie medlemmer, troende brødre, eller medarbeidere, eller andre som du bare tenker, 'Jeg liker ikke hans holdning. Han vil alltid motarbeide meg, og jeg liker ham ikke,' eller hvis du bare misliker og holder deg vekk ifra en person av forskjellige grunner, hvor langt vekk er ikke dette ifra det å være barmhjertig'?
Vi burde verken hate eller mislike noen. Vi burde forstå, akseptere, og vise godhet til alle. Gud Faderen viser oss skjønnheten av barmhjertighet med juvelen, krystallitt.

Et barmhjertig hjerte som omfavner alt

Hva er så forskjellen mellom kjærlighet og barmhjertighet?
Åndelig kjærlighet er det å ofre seg selv uten å søke etter ens eget gagn eller interesser, og det å ikke ha noen forventninger om at andre gir ting tilbake, mens barmhjertighet legger større vekt på tilgivelse og toleranse. Barmhjertighet er med andre ord et hjerte som forstår og som ikke hater selv de som ikke lett kan

bli forstått eller elsket. Barmhjertighet verken hater eller straffer noen, men vil heller styrke og støtte andre. Hvis du har et slikt varmt hjerte, da vil du ikke peke ut andres feil og misforståelser, men vil i stedet for omfavne dem slik at du kan ha et godt forhold til dem.

Hvordan burde vi så oppføre oss overfor onde mennesker? Vi må huske på at vi engang alle var onde mennesker, men kom så til Gud fordi noen andre hadde ført oss til sannheten gjennom kjærlighet og tilgivelse.

Når vi også møter løgnere, da vil vi ofte glemme at også vi før hadde vært løgnere idet vi søkte etter vårt eget gagn, før vi begynte å tro på Gud. I stedet for å unngå slike mennesker, burde vi vise barmhjertighet slik at de kan vende seg vekk ifra deres onde veier. Bare når vi forstår og leder dem gjennom toleranse og kjærlighet, helt til de innser sannheten, kan de endre seg og komme til sannheten. Barmhjertighet er å behandle alle på samme måte uten noen som helst fordommer, å ikke fornærme noen, og å prøve å forstå alt på en god måte samme om du liker det eller ikke.

8. Beryl: Tålmodighet

Beryll, den åttende grunnsteinen i veggen til det Nye Jerusalem, har en blå eller mørk grønn farge og minner oss om et blått hav. Hva vil beryll symbolisere åndelig? Det symboliserer tålmodighet i alt når en fullfører Guds kongerike og Hans rettferdighet. Beryll står for å ivareta kjærligheten selv for de som fordømmer, banner, og hater deg, så du skal ikke hate, krangle, eller slåss med dem.

Jakob 5:10 ber oss om følgende: *"Mine brødre! ta profetene, som talte i Herrens navn, til deres forbilde i å lide ondt og være tålmodig!"* Vi kan endre andre ved å være tålmodige med dem.

Tålmodighet er en frukt av den Hellige Ånd og åndelig kjærlighet

Vi kan lese om tålmodighet som en av de ni fruktene fra den Hellige Ånd i Galaterne 5, og som en av fruktene i 1. Korinterne 13. Er det noen forskjell mellom tålmodigheten til frukten ifra den Hellige Ånd og tålmodigheten fra kjærlighetens frukt?

På den annen side vil kjærlighetens tålmodighet referere til tålmodigheten som blir forventet gjennom ens liv, som å være tålmodig med dem som fornærmer deg eller alle andre slags vanskeligheter som du møter her i livet. På den annen side vil tålmodighet som en frukt ifra den Hellige Ånd referere til sannhetens tålmodighet og den tålmodighet vi har overfor Gud i alle ting.

Tålmodighet som kommer ifra den Hellige Ånd hare derfor en større betydning, medregnet tålmodighet angående personlige ting og ting som har med Guds kongerike og Hans rettfedighet å gjøre.

Forskjellige slags tålmodigheter gjennom sannheten

Tålmodigheten med å fullføre kongerikets og Guds rettfedighet, kan bli satt inn i tre kategorier.

Først er det tålmodighet mellom Gud og oss. Vi må være tålmodige helt til vårt løfte til Gud blir fullført. Gud Faderen er trofast; når Han sier noe, vil Han fullføre det uten noen som helst endring. Så hvis vi har fått et løfte ifra Gud, må vi være tålmodige til det blir fullført.

Og hvis vi også har spurt Gud om noe, må vi være tålmodige helt til svaret kommer. Noen troende vil si følgende, "Jeg ber hele natten og vil til og med faste, men fremdeles får jeg ikke noe svar." Dette er akkurat som en bonde som sår frøene og hurtig graver opp bakken fordi det ikke finnes noen frukt med det samme. Hvis vi har sådd frøene, må vi være tålmodige helt til det spirer, vokser opp, blomstrer og så bærer frukt.

En bonde tar opp ugresset og beskytter avlingene fra skadelige insekter. Han arbeider hardt med å få god frukt. På samme måte har vi ting som vi må gjøre for å motta svar på våre bønner. Vi må fullføre den riktige mengde ifølge målingen av de sju Åndene- tro, glede, bønner, takknemlighet, iherdig trofasthet, holde på budskapene, og kjærlighet.

Gud vil bare svare oss med det samme hvis vi fullfører den riktige mengde ifølge hvor mye tro vi har. Vi må forstå at tålmodigheten med Gud er når vi mottar et mer perfekt svar, og så vil la oss juble og bare være mer takknemlige.

For det andre finnes det tålmodighet mellom mennesker. Tålmodighet med åndelig kjærlighet tilhører en slik tålmodighet. For å elske hvilken som helst person i alle slags menneskelige forhold, trenger vi tålmodighet.

Vi trenger tålmodighet for å kunne tro hvilken som helst person, tåle ham, og håpe at han vil lykkes her i livet. Selv om han gjør noe som er i motsetning av hva vi forventet, må vi være tålmodige på alle måter. Vi må forstå, akseptere, tilgi, holde oss tilbake, og være tålmodige.

De som prøver å forkynne til mange mennesker vil trolig ha litt erfaring med å bli fornærmet og forbannet. Men hvis de har tålmodige hjerter, vil de møte disse sjelene igjen med smilende ansikter. Med kjærlighet for å redde disse sjelene, vil de juble og være takknemlige, og de vil aldri gi opp. Når de viser en slik tålmodighet med godhet og kjærlighet for en person som blir forkynt, da vil mørket forsvinne ifra ham på grunn av dette lyset, og personen kan åpne hans hjerte, akseptere det, og motta frelse.

For det tredje finnes det tålmodighet for å endre hjerte.

For å endre vårt hjerte må vi rive ut usannheten og ondskapen fra vårt hjerte og istedenfor plante godhet. Å endre vårt hjerte er i likhet med å slette åkeren. Vi må fjerne steinene og dra opp ugresset. Noen ganger må vi pløye jorden. Da kan det bli en god åker, og alt det vi sår vil vokse og bli fruktbart.

Det samme gjelder menneskenes hjerter. Til den grad hvor vi finner ondskap i vårt hjerte og kaster det bort, kan vi ha et godt hjerte. Så når Guds Ord blir sådd, kan det spire, vokse opp, og bære frukter. Og akkurat som vi må svette og arbeide hardt for å slette åkeren, må vi gjøre det samme når vi endrer vårt hjerte. Vi må rope iherdig ut i bønner med all vår styrke og hele vårt hjerte. Da kan vi motta makten fra den Hellige Ånd for å pløye det kjødelige hjerte som er i likhet med en ufruktbar åker.

Denne prosessen er ikke så lett som en kanskje tror. Det er derfor det vil være tungt for noen mennesker. De vil føle seg ille til mote, og bli fortvilet. Vi vil derfor trenge tålmodighet. Selv om det kan virke som om vi endrer oss veldig sakte, burde vi aldri bli skuffet eller gi opp.

Vi burde huske på Herrens kjærlighet, Han som døde på korset for oss, motta mer styrke, og fortsette med å kultivere hjertets åker. Vi burde også se opp til Guds kjærlighet og velsignelse som Han vil gi oss når vi har fullstendig kultivert vårt hjerte. Vi burde også fortsette med å arbeide gjennom stor takknemlighet.

Hvis vi ikke hadde noen ondskap i oss, da ville begrepet "tålmodighet" ikke vært nødvendig. Men på samme måte, hvis vi bare hadde kjærlighet, tilgivelse, og forståelse, ville det heller ikke vært rom for "tålmodighet." Gud vil derfor at vi skal ha en slik tålmodighet hvor ordet "tålmodighet" ikke er nødvendig. Gud som er selve godheten, trenger ikke tålmodighet. Men han vil fremdeles fortelle oss at Han er "tålmodige" med oss for å få oss til å forstå meningen med "tålmodighet." Vi må innse at jo flere kvaliteter vi har for å holde oss tålmodige i visse omstendigheter, jo mer ondskap vil vi ha i Guds øyne i våre egne hjerter.

Hvis vi ikke trenger å være tålmodige med noe etter at vi har fullført den perfekte tålmodigheten, da vil vi alltid vøre lykkelige, bare høre gode ting fra tid til annen, og ha lette hjerter som om vi spaserer på skyer.

9. Topas: Åndelig Godhet

Topas, den niende grunnsteinen til veggen i det Nye Jerusalem, er en gjennomsiktig stein, ubemerket, og rød oransje farge. Det åndelige hjerte symbolisert av topas er en åndelig godhet. Godhet er kvaliteten om å være snill, hjelpsom, og ærlig. Men åndelig god mening har en dypere betydning. Det finnes også godhet blant de ni fruktene fra den Hellige Ånd, og det har den samme meningen med godheten til topas. Den åndelige meningen med godhet er å søke etter godheten innenfor den Hellige Ånd.

Hver person har en standard om å dømme mellom det som er riktig og det som er galt mellom godt og ondt. Det blir kalt "samvittighet." Samvittighetens begrep er forskjellig på ulike tider, land, og mennesker.

Standarden om å måle størrelsen på den åndelige godheten er bare en: Guds Ord, som er selve sannheten. Så å derfor søke etter godheten fra vårt perspektiv er ikke åndelig godhet. Å søke etter godhet i Guds øyne er åndelig godhet.

Matteus 12:35 sier, *"Et godt menneske bærer frem gode ting av sitt gode forråd."* Og på samme måte vil de som har åndelig godhet i dem helt naturlig bringe ut denne godheten. Hvor enn de går og samme hvem de møter, vil gode ord og gode gjerninger komme til syne.

Akkurat som de som sprayer seg med parfyme vil lukte godt, vil en aroma av godhet komme fra de som er gode. De vil nemlig utgi en aroma av Guds godhet. Så ved å bare søke etter godhet i hjerte, kan vi ikke kalle dette godhet. Hvis vi har et hjerte som søker etter godhet, da vil vi helt naturlig utgi Kristus aroma gjennom gode ord og gjerninger. På denne måten burde vi vise en moral dyd og kjærlighet overfor menneskene rundt oss. Dette er sannhetens godhet, den åndelige betydningen.

Standarden ved å måle den åndelige godheten

Selve Gud er god, og godheten kan bli funnet gjennom hele Bibelen, som er Guds Ord. Det finnes også vers i Bibelen som spesielt gir mer av topas fargen, nemlig den åndelige godheten.

Først og fremst kan det bli funnet i Filipperne 2:1-4, *"Er det da noen trøst i Kristus, er det noen kjærlighetens husvalelse, er det noe Åndens samfunn, er det noen medfølelse og barmhjertighet, da gjør min glede fullkommen, så dere har det samme sinn, idet dere har den samme kjærlighet og med én sjel har det ene sinn. Ikke gjør noe av trettesyke eller lyst til tom ære, men i ydmykhet akter hverandre høyere enn dere selv, og ikke ser hver på sitt eget, men enhver også på andres beste."*

Selv om det er noe som ikke stemmer ifølge våre egne tanker og vår karakter, vil vi binde oss med andre og være enige med dem hvis vi søker etter Herrens godhet. Vi vi ikke krangle i det hele tatt. Vi vil ikke ha noen grunn til å skryte av oss selv eller bli løftet opp av andre. Vi vil gjennom ydmykende hjerter se på andre som bedre enn oss selv. Vi vil trofast og på alle ansvarlige måter gjøre vårt arbeide. Vi vil til og med kunne hjelpe andre med deres arbeide.

Vi kan lett se hvilke personer som har godhet i deres hjerte fra sammenligningen av den gode samaritanen som ble funnet i Lukas 10:25-37:

En mann gikk ned fra Jerusalem til Jeriko, og han falt iblant røvere, som både kledde ham av og slo ham og gikk bort og lot ham ligge halvdød. Men det traff seg så at en prest dro samme vei ned, og han så ham, og gikk like forbi. Likeså en levitt; han kom til stedet, gikk frem og så ham, og gikk like forbi. Men en samaritan som var på reise, kom dit hvor han var, og da han så ham, ynkedes han inderlig, og han gikk bort til ham og forbandt hans sår og helte olje og vin i dem, og han løftet ham opp på sitt eget dyr og førte ham til et herberge og pleide ham. Og da det led mot neste dag, tok han to penninger frem og gav verten og sa til ham: "Plei ham! og hva mere du måtte koste på ham, det skal jeg betale deg igjen når jeg kommer tilbake." Hvem av disse tre synes du nå viste sig som den manns neste som var falt iblant røverne? (Lukas 10:30-36)

Blant prestene, levittene, og samaritanen, hvem er så den beste naboen og personen med kjærlighet? Samaritanen kunne være mannen som hadde blitt ranets virkelige nabo fordi han hadde et godt hjerte hvor han kunne velge det som var riktig, selv om han ble sett på som en hedning.

Denne samaritanen så kanskje ikke på Guds Ord som kunnskap. Men vi kan se at han hadde et hjerte som fulgte godheten. Dette betyr at han hadde den åndelig godhet som Gud ser på som godhet. Selv om vi må bruke våre egne penger og tid, må vi velge det som er godt i Guds øyne. Dette er åndelig godhet.

Jesus' godhet

Et annet Bibel vers som skarpere viser lysets godhet er

Matteus 12:19-20. Det angår godheten til Jesus. Det sier:

> *Han skal ikke trette eller rope, og ingen skal høre hans røst på gatene; Han skal ikke knuse et knekket rør og ikke slukke en rykende veke, før han har ført retten frem til seier.*

Uttrykket "helt til Han fører rettferdigheten til seieren" legger vekt på at Jesus bare oppførte seg med et godt hjerte gjennom hele korsfestelsen og oppstandelsen, og ga oss seier gjennom Hans ærede frelse.

Siden Jesus hadde åndelig godhet, fornærmet Han ingen og Han kranglet heller aldri med noen. Han aksepterte alt gjennom den åndelige godhetens kunnskap og sannferdige ord selv når Han møtte barske og situasjoner som kunne virke uakseptable. Jesus konfronterte heller aldri de som prøvde å drepe Ham eller prøvde å fortelle dem om og også bevise dem om Hans uskyldighet. Han ga alt til Gud og fullførte alt med Hans visdom og sannhet gjennom den åndelige godheten.

Åndelig godhet er hjerte som "ikke burde knekke et skadet strå eller slukke en glødende veke." Denne definisjonen holder den representertes refererende punkt med godhet.

De som har godhet vil ikke rope ut eller krangle med noen. De vil også vise deres godhet i deres utseende. Akkurat som det stod, "Og ingen vil heller ikke høre Hans stemme i gatene," vil de som er gode, vise en utvendig godhet og ydmykhet. Hvor uklanderlig og perfekt hadde ikke Jesus vaner måtte vært gjennom Hans gange, oppførsel, og språk! Salomos Ordspråk

22:11 sier, *"Den som elsker hjertets renhet, og hvis tale er tekkelig, han har kongen til venn."*

Først, et 'knekket strå' vil representere de som lider av mange ting her i verden, og som har sørgelige hjerter. Selv når de søker etter Gud gjennom et fattig hjerte, vil ikke Gud forlate dem, men bare akseptere dem. Guds og Jesus hjerte er selve godheten.

Deretter, vil det samme gjelde hjerte som ikke slukker en glødende veke. Hvis veken er glødende, betyr dette at ilden er like ved å slukkes, men det finnes fremdeles en aldri så liten glød. På en måte, 'en glødende veke' er en person som har blitt flekket med ondskapen som lyset fra hans ånd 'slukker.' Selv en slik person, hvis han har den minste mulighet til å motta frelse, burde vi ikke miste troen på ham. Dette er godhet.

Vår Herre forlater ikke de mennesker som lever syndig og står opp imot Gud. Han vil fremdeles banke på døren til hjerte deres slik at de kan oppnå frelse. Et slikt hjerte som vår Herre har, er et godt hjerte.

Det finnes mennesker som er som skadet siv og glødende veker i troen deres. Når de faller ned i fristelse på grunn av svak tro, er det noen mennesker som ikke nok styrke til å komme tilbake til kirken igjen på egen hånd. Kanskje på grunn av noen kjødelige ting som de ikke ennå har kastet bort, har de kanskje ødelagt andre kirkemedlemmer. Siden de er veldig lei seg og flaue på det, føler de ikke at de kan komme tilbake til kirken.

Så vi må først gå til dem. Vi må rekke ut hendene våre til dem og holde deres hender. Dette er godhet. Det finnes også mennesker som holder seg først i troen, men som senere ligger tilbake åndelig. Noen av dem blir også som den 'glødende veken.'

Noen av dem vil gjerne bli elsket og anerkjent av andre, men dette vil ikke skje. Så de blir hjerteknust og djevelen inne i dem vil vise seg. De vil kanskje være sjalue på andre som havner foran dem åndelig sett, og de vil kanskje til og med baktale dem. Dette er i likhet med en glødende veke som røyker og lukter.

Hvis vi er virkelig gode, da vil vi også kunne forstå disse menneskene og akseptere dem. Hvis vi prøver å diskutere hva som er riktig og hva som er galt og får andre mennesker til å underkaste dem, kan ikke dette kalles godhet. Vi må behandle dem godt og med trofasthet og kjærlighet, til og med overfor de som er onde. Vi må smelte og røre ved hjertene deres. Dette er å oppføre seg godt.

10. Krysopras: Selvbeherskelse

Krysopras, den tiende grunnsteinen fra veggen i det Nye Jerusalem, er den dyreste blant alle Kalsedonene. Den har en delvis gjennomsiktig mørk grønn farge, og en av de kostbare steinene som koreanske kvinner så på som veldig verdifulle i gamle dager. For dem symboliserte det kyskhet og renhet for kvinner.

Hva symboliserer krysopras åndelig? Det står for selvbeherskelse. Det er godt å ha overflod av alt gjennom Gud, men det må være selvbeherskelse for å kunne holde alt vakkert. Selvbeherskelse er også en av de ni fruktene fra den Hellige Ånd.

Selvbeherskelse for å fullføre fullkommenhet

Titus 1:7-9 forteller oss om forholdene til en forvalter i en kirke, og en av omstendighetene er selvbeherskelse. Hvis en person som ikke behersker selvbeherskelse blir en forvalter, hva kunne han fullføre i hans ukontrollerte liv?

Samme hva vi gjør for Herren, burde vi skille mellom sannhet og løgner, og følge viljen til den Hellige Ånd med selvbeherskelse. Hvis vi kan høre stemmen til den Hellige Ånd, vil vi være vellykkede i alt siden vi har selvbeherskelse. Men hvis vi ikke har selvbeherskelse, da vil ting kanskje gå galt og vi vil kanskje til og med komme til skade, både natur og menneskeskapte ødeleggelser, sykdommer, og liknende.

Frukten fra selvbeherskelse er veldig viktig, og det er et krav for å fullføre perfeksjon. Like mye som vi bærer kjærlighetens frukt, kan vi bære frukten fra lykken, fred, tålmodighet, snillhet, godhet, trofasthet, og ydmykhet, og disse fruktene vil være fullstendige med selvbeherskelse.

Selvbeherskelse kan bli sammenlignet med anus på kroppen vår. Selv om den er liten, har den stor betydning i vår kropps rolle. Hva hvis den mister styrken til å kontrakt? Vi vil ikke kunne styre vår avføring, og vi vil bare bli skitne og uanstendige.

På samme måte vil alt ende opp rotete hvis vi mister vår selvbeherskelse. Mennesker er løgnere fordi de ikke kan styre seg selv åndelig. På grunn av dette vil de møte prøvelser og kan ikke bli elsket av Gud. Hvis vi ikke kan styre oss selv fysisk, da vil vi gjøre løgnaktige og ulovlige ting fordi vi vil spise og bli fulle så mye vi vil, og våre liv vil bli kaos.

Døperen Johannes

Et godt eksempel på selvbeherskelse blant de Bibelske

personene er døperen Johannes.

Døperen Johannes visste klart og tydelig hvorfor han kom til denne verden. Han visste at han måtte forberede veien for Jesus, Han som er selve Lyset. Så helt til han fullførte hans forpliktelse, levde han et fullstendig tilbaketrukket liv. Han bevæpnet seg med bønner og bare Ordet mens han holdt seg i villmarken. Han spiste bare gresshopper og vill honning. Det var et veldig tilbaketrukket og strengt avstengt liv. Gjennom et slikt liv, ble han klar til å forberede veien for Herren, og fullstendig fullføre den.

I Matteus 11:11, sa Jesus dette om ham, *"Sannelig sier jeg dere: Noen større enn døperen Johannes er ikke oppreist blant dem som er født av kvinner; men den minste i himlenes rike er større enn han."*

Hvis noen tenker, 'Jeg vil nå gå langt opp i fjellene eller til et avsides sted og leve et selvbehersket liv!' Dette beviser at han ikke har noen selvbeherskelse og tolker Guds Ord på hans egen måte og tenker alt for mye.

Det er viktig å beherske ditt hjerte gjennom den Hellige Ånd. Hvis du ikke har nådd det åndelige nivået ennå, da må du beherske dine kjødelige ønsker og bare følge ønskene til den Hellige Ånd. Og selv etter at du har mottatt ånden, må du kontrollere styrken eller mengden av hver og en av de åndelige hjertene for å oppnå fullstendig harmoni. En slik selvbeherskelse kan vises med lyset fra krysopras.

11. Hyasint: Renhet og Hellighet

Hyasint, den ellevte grunnsteinen fra veggene i det Nye Jerusalem er en verdifull edelsten som er gjennomsiktig, har blåaktig farge, og som åndelig symboliserer renhet og hellighet.

"Renhet" vil her referere til en tilstand hvor en ikke har noen som helst synd og er ren uten noen flekker eller urenhet. Hvis en person tar en dusj eller bader et par ganger på dagen, grer håret og kler seg pent, da vil folk si at han er ren og pen. Vil så også Gud si at han er ren? Hva er så et menneske med rent hjerte og hvordan kan han motta et rent hjerte?

Et rent hjerte i Guds øyne

Fariseerne og skribentene vasket hendene deres før de spiste, og fulgte tradisjonen til de eldre. Og når disiplene til Jesus ikke gjorde det, spurte de Jesus om det for å anklage Ham. Matteus 15:2 sier, *"Hvorfor bryter dine disipler tradisjonen til de eldre? For de vasker ikke hendene deres før de spiser brødet."*

Jesus hadde lært dem hva renhet virkelig var. I Matteus 15:19-20 sier Han, *"For fra hjertet kommer onde tanker: mord, hor, utukt, tyveri, falskt vitnesbyrd, bespottelse. Dette er det som gjør mennesket urent; men å ete med uvaskede hender gjør ikke mennesket urent."*

Renhet i Guds øyne er å ikke ha noen synd i hjerte. Renhet er når vi har et hjerte som er rent og som ikke klandrer noen, ikke er flekkete, og ikke har noen feil. Vi kan vaske hendene og kroppen vår med varmt vann, men hvordan kan vi rense hjertene våre?

Vi kan også vaske det med vann. Vi kan rense det ved å vaske det med åndelig vann som er Guds Ord. Hebreerne 10:22 sier, *"så la oss trå frem med sanndru hjerte i troens fulle visshet, renset på hjertene fra en ond samvittighet og tvettet på legemet med rent vann."* Vi kan ha rene og sanne hjerter til den grad hvor vi oppfører oss ifølge Guds Ord.

Når vi gjør som Bibelen sier og kaster bort og ikke kaste bort det den vil, da vil usannheten og ondskapen bli vasket vekk ifra vårt hjerte. Og når vi adlyder alt det som Bibelen ber oss om å gjøre, da kan vi unngå å bli flekket av synden i verden om igjen ved å hele tiden få rent vann. På denne måten kan vi holde våre hjerter rene.

Matteus 5:8 sier, *"Salige er de rene av hjertet; for de skal se Gud."* Gud har fortalt oss om velsignelsene som de som har rene hjerter vil motta. Det er at de vil se Gud. De som har rene hjerter vil stå ansikt til ansikt med Gud i himmelens kongerike. De kan i det minste komme inn til himmelens Tredje Kongerike eller til og med komme inn til det Nye Jerusalem.

Men den virkelige meningen med å 'se Gud' er ikke bare det å kunne se Ham. Det betyr at vi alltid møter Gud og vil motta hjelp ifra Ham. Det betyr at vi lever et liv hvor vi spaserer sammen med Gud, selv her på jorden.

Enok som oppnådde et rent hjerte

Det femte kapitlet i den 1. Mosebok beskriver Enok som hadde kultivert et rent hjerte og som hadde spasert med Gud her på jorden. I Første Mosebok 5:21-24, kan vi lese at Enok spaserte sammen med Gud i tre hundre år fra da han ble Metusalems far når han var 65 år gammel. Og som det ble skrevet ned i vers 24, *"Og Enok vandret med Gud; så ble han borte, for Gud tok ham til sig,"* ble han tatt opp til himmelen levende.

Hebreerne 11:5 forteller oss hvorfor han kunne bli tatt opp til Himmelen uten å se døden, og sier, *"Ved tro ble Enok bortrykt, så han ikke skulle se døden, og han ble ikke funnet, fordi Gud hadde bortrykt ham. For før han ble bortrykt, fikk han det vitnesbyrd at han tektes Gud."*

Enok tilfredsstilte Gud ved å kultivere et veldig rent hjerte uten noen som helst synd, selv til den grad hvor han ikke behøvde å møte døden. Og til slutt ble han tatt opp til himmelen levende. Han var 365 år gammel på den tiden, men på den tiden levde mennesker i mer enn 900 år. I dagens tid, tok derfor Gud Enok når han var på hans sprekeste.

Dette var fordi Enok var så god i Guds øyne. Istedenfor å beholde han på jorden, ville Gud at Enok skulle sitte i nærheten av ham selv i det himmelske kongerike. Vi kan klart og tydelig se hvor mye kjærlighet og lykke Gud hadde for de med rene hjerter.

Men selv Enok ble ikke frelst over natten. Han gikk også gjennom forskjellige prøvelser helt til han ble 65 år gammel. I 1. Mosebok 5:19, kan vi se at Jared, Enoks far, ble far til barn i 800 år etter at Enok hadde blitt født, så vi kan derfor forstå at Enok hadde mange brødre og søstre.

Gud fortalte meg i mine bønner at Enok ikke hadde noen problemer i det hele tatt med noen av hans brødre eller søstre.

Han ønsket aldri om å få mer enn hans brødre; han ga dem alltid bevilling. Han ville aldri bli anerkjent mer enn hans brødre og søstre, og han gjorde alltid hans beste. Selv når noen av hans brødre var høyere elsket enn han selv, var han ikke ukomfortabel, som betyr at han ikke var sjalu i det hele tatt.

Enok var også alltid en lydig person. Han hørte ikke bare på Guds Ord, men også på hans foreldre. Han insisterte aldri på hans egen mening. Han hadde aldri noen egoistiske ønsker, og tok aldri noe personlig. Han levde i fred med alle.

Enok kultiverte et rent hjerte hvor han kunne se Gud. Når Enok ble 65 år gammel, nådde han nivået hvor han tilfredsstilte Gud, og han kunne derfor nå spasere sammen med Gud.

Men det finnes en viktigere grunn til at han kunne spasere sammen med Gud. Det er at han elsket Gud veldig høyt og nøt kommunikasjonen med Ham. Han hadde heller ikke ønske om de verdslige ting og han elsket Gud mer enn noe annet her i verden.

Enok elsket hans foreldre og adlød dem, og det var fred og kjærlighet mellom ham og alle søskenbarna hans, men det var Gud som han elsket mer enn noe annet. Han nøt å være alene og lovpriste Gud mer enn det å forbli med hans familie. Han savnet Gud når han kikket opp på himmelen og på naturen, og nøt kommunikasjonen han hadde med Gud.

Dette var tilfelle selv før Gud begynte å spasere sammen med ham, og fra Gud begynte å spasere sammen med ham, ble det bare verre. Akkurat som det stod i Salomos Ordspråk 8:17, *"Jeg elsker de som elsker Meg; og de som iherdig leter etter Meg, vil finne Meg,"* Enok elsket Gud og savnet Ham veldig mye, og Gud spaserte også sammen med ham.

Jo mer vi elsker Gud, jo renere vil vårt hjerte være, og jo renere et hjerte vi har, jo mer vil vi elske Gud og søke etter Ham. Det er komfortabelt å prate og være sammen med de som har rene hjerter. De vil bare akseptere alt og tro andre.

Hvem vil føle seg dårlig til mote og rynke på brynene når de ser smilene til små babyer? De fleste mennesker vil føle seg godt og også smile når de ser babyer. Dette er fordi renheten i babyer blir gitt til menneskene, og vil også forfriske hjertene deres.

Gud Faderen føler det på samme måte når Han ser en person med et rent hjerte. Så Han vil gjerne se en slik person mer, og vil være sammen med ham.

12. Ametyst: Skjønnhet og Ydmykhet

Den tolvte og siste grunnsteinen i veggen i det Nye Jerusalem er ametyst. Ametyst har en lys lilla farge og er også gjennomsiktig. Ametyst har en veldig elegant og vakker farge og har derfor blitt elsket av overklassen siden langt tilbake i tiden.

Gud ser også på det åndelige hjerte som er symbolisert av en ametyst som vakkert. Det åndelige hjerte ametyst symboliserer ydmykhet. Ydmykheten kan bli funnet i Kjærlighetens kapittel, i Saligprisningene, og til og med i de ni fruktene i den Hellige Ånd. Det er en frukt som helt sikkert er født i en person som føder ånden gjennom den Hellige Ånd og som lever ifølge Guds Ord.

Gud ser på det ydmyke hjerte som vakkert

En ordbok beskriver ydmykhet som en slags egenskap som vennlighet, snillhet, og mildhet; [og] det å kunne dele rolighet. Men ydmykheten som Gud ser på som vakker er ikke bare en av disse egenskapene.

De som har ydmyke kjødelige egenskaper vil føle seg litt ukomfortabel angående mennesker som ikke er ydmyke. Når de ser noen som er veldig utadvendt eller har en sterk personlighet, da blir de litt forsiktige, og de vil til og med føle det vanskelig å ha noe med denne personen å gjøre. Men en person som er ydmyk åndelig, kan akseptere all slags personer, samme hva slags personlighet de har. Dette er en av forskjellen mellom kjødelig ydmykhet og åndelig ydmykhet.

Så hva er så åndelig ydmykhet, og hvorfor ser Gud på det som vakkert?

Å være åndelig ydmyk er å ha en mild og varm personlighet sammen med et stort hjerte for å kunne akseptere alle. Dette er noen som har et hjerte som er like mykt og deilig som bomull, slik at mange mennesker kan finne hvile hos ham. Det er også noen som kan forstå alt som er godt og omfavne og akseptere alt gjennom kjærlighet.

Det er en ting som ikke kan mangle i åndelig ydmykhet. Og det er den dydig personligheten i forbindelse med et stort hjerte. Hvis vi bare har et veldig mykt og varmt hjerte inne i oss, vil ikke dette ha stor betydning. Fra tid til annen, når det er nødvendig, burde vi kunne oppmuntre og gi andre råd, gjøre gode og kjærlige ting. Å vise en dydig personlighet er å styrke andre, la dem føle varmen, og la dem finne hvile i ditt hjerte.

Et åndelig ydmykt menneske

De som har en virkelig åndelig ydmykhet, har ingen fordømmelse med noen personer. Så de har derfor ingen problemer og de kommer også godt overens med alle andre. Den andre personen vil også føle et slikt varmt hjerte, så han kan hvile og finne fred i sinnet og føle at han har blitt varmt omfavnet. En slik åndelig ydmykhet er akkurat som et stort tre som gir en stor, kald skygge på en varm sommer dag.

Hvis en mann aksepterer og omfavner alle hans familiemedlemmer med et stort hjerte, da vil konen respektere og elske ham mer. Hvis konen også har et hjerte som er like mykt som bomull, da kan hun trøste og gi fred til hennes mann, slik at de kan bli et veldig lykkelig par. Og barn som blir oppdratt i en slik familie, vil ikke komme på avveie, selv når de møter vanskeligheter. Siden de kan bli sterkere gjennom familiens fredfulhet, kan de også overvinne vanskeligheter og vokse opp med oppriktighet og være friske.

Og likedan kan mennesker som er rundt de som har en kultivert åndelig ydmykhet også finne hvile gjennom dem og føle seg lykkelige. Da vil Gud Faderen også si at de som er åndelig ydmyke, er like vakre.

I denne verden vil mennesker implementere veier hvor en kan oppnå andres hjerter. De vil kanskje gi andre materialistiske ting eller bruke deres sosiale berømmelse eller myndighet. Men med disse kjødelige veiene, kan vi ikke virkelig oppnå andres hjerter. De vil kanskje hjelpe oss for øyeblikket på grunn av deres gjerninger, men siden tingene ikke virkelig vil komme fra deres hjerte, vil de endre mening når situasjonen endrer seg.

Men mennesker vil helt naturlig samle seg rundt en person som har åndelig ydmykhet. De vil gi fra hjerte deres og ha ønsker om å forbli sammen med ham. Dette er fordi de kan få styrke og føle en trøst som de ikke følte i det verdslige, gjennom en person som har åndelig ydmykhet. Mange mennesker vil oppholde seg sammen med en person som har åndelig ydmykhet, og dette vil bli den åndelige myndigheten.

Matteus 5:5 prater om denne velsignelsen ved å oppnå mange sjeler og sier at de vil arve jorden. Dette betyr at de vil oppnå menneskenes hjerter, de som ble skapt av jorden. På grunn av dette vil de også motta masse land i det evige himmelske kongerike. Siden de har omfavnet og ført mange sjeler til sannheten, vil de motta mange belønninger.

Det er derfor Gud sier dette om Moses i 4. Mosebok 12:3, *"Men Moses var en meget saktmodig mann, mere enn alle mennesker på jorden."* Moses ledet Eksodus. Han ledet mer enn 2 millioner mennesker, og tok vare på dem i 40 år i villmarken. Akkurat som foreldre oppdrar barna deres, tok han seg hjertelig av dem og førte dem ifølge Guds vilje.

Selv når barna deres er veldig syndige, vil ikke foreldrene deres bare forlate dem. På samme måte, vil Moses til og med ta seg av de menneskene som ikke kunne hjelpe å bli forlatt ifølge Loven, og han tok seg av dem helt til slutten og spurte Gud om å tilgi dem.

Når du til og med bare har en liten oppgave i kirken, vil du forstå hvor godt en slik ydmykhet kan være. Ikke bare gjennom plikter ved å ta vare på andre sjeler, men i alle slags oppgaver, vil du aldri ha noen problemer, hvis du gjør det gjennom ydmykhet.

Det finnes ikke to mennesker med det samme hjerte og de samme tankene. Alle har blitt oppdratt på forskjellige måter og har forskjellige personligheter. De vil kanskje ikke være enige eller ha de samme meningene.

Men han som er ydmyk kan akseptere andre med et stort hjerte. Ydmykheten om å tømme seg selv og akseptere andre vil skille seg stort ut i en situasjon hvor alle insisterer på at de selv har rett.

Vi har lært alle de åndelige hjertene som er symbolisert av hver av de tolv grunnsteinene i byveggen i det Nye Jerusalem. De er hjerte til troen, oppriktigheten, ofringen, rettferdigheten, trofastheten, lidenskapen, barmhjertigheten, godheten, selvbeherskelsen, renheten, og ydmykheten. Når vi samler alle disse egenskapene, vil dette bli hjerte til Jesus Kristus og Gud Faderen. Dette er med et uttrykk 'perfekt kjærlighet.'

De som har kultivert en slik perfekt kjærlighet med en god og balansert kombinasjon av alle egenskapene til de tolv juvelene, kan freidig dra inn til Byen Nye Jerusalem. Husene deres i det Nye Jerusalem vil også bli prydet med de tolv forskjellige juvelene.

Byen Nye Jerusalem er derfor vakrere og mer henrykket enn en noen gang kan beskrive. Husene, bygningene, og alle anleggene som parkene, er dekorert på det vakreste.

Men det som Gud ser på som vakrest er menneskene som

kom inn til Byen. De vil gi et sterkere lys enn lyset som skinner fra alle juvelene. De vil også gi mektig aroma fra kjærligheten mot Faderen, som kommer fra innerst inne i deres hjerte. Gjennom dette vil Gud Faderen bli beroliget på grunn av alle tingene som han har gjort opp til da.

6. kapittel

De Tolv Perleportene og den Gyldne Gaten

1. De Tolv Perleportene
2. Gater Laget av Rent Gull

"Og de tolv porter var tolv perler; hver av portene var av en perle; og stadens gate var av rent gull, som klart glass."

- Johannes' åpenbaring 21:21 -

Byen det nye Jerusalem har tolv gater, tre på hver side av nord, sør, øst og vest siden av dens vegger. En forferdelig stor engel vokter hver gate, og synet viser praktfullheten og makten til Byen det nye Jerusalem med en gang. Hver gate er bue formert, og den er så stor at vi må se veldig høyt oppe. Hver port er laget av en kjempestor perle. Den glir åpen til hver side og har et håndtak som er laget av gull og andre verdifulle stener. Porten åpner seg automatisk uten at noen åpner den med hendene.

Gud har laget tolv porter med vakre perler og gatene av rent gull for Hans elskede barn. Hvor mye vakrere og skjønt ville bygningene i Byen være?

Før vi forsker inn i bygningene og stedene i Byen det nye Jerusalem, la oss først se på grunnen til at Gud har laget portene til det nye Jerusalem med perler, og hva slags gater som finnes utenom de gyldne gatene.

1. De Tolv Perleportene

Johannes åpenbaring 21:21 sier, *"Og de tolv porter var tolv perler; hver av portene var av en perle. Og stadens gate var av rent gull, som klart glass."* Hvorfor er så de tolv portene laget av perler mens det er mange andre verdifulle stener i det nye Jerusalem? Noen sier at det ville være bedre å dekorere hver gate med forskjellige juveler siden det er tolv porter, men Gud har pyntet alle tolv portene bare med perler.

Dette er på grunn av at Guds forsyn og åndelige betydning

er omfattet inne i denne planen. I motsetning til andre juveler, perlene inneholder en noe forskjellig verdi og er derfor mere verdifull fordi de er laget etter en smertefull prosess.

Hvorfor er de tolv portene laget av perler?

Hvordan er en perle laget? En perle er en av de to organiske juvelene fra havet, den andre er korallene. Det har blitt beundret vidt omkring av mangfoldige mennesker siden det utgir en vakker glans uten å måtte bli pusset.

Perlen er dannet på innsiden av huden til østersskallet. Det er en klump med unormal skinnende salve som inneholder for det meste kalsium karbonat, i en halv rund eller rund form. Når fremmedartede stoffer setter seg fast i det myke kjødet av skallet, lider skallet av en stor smerte, akkurat som om en nål stakk på den. Da kjemper skjellet mot det fremmedartede stoffet gjennom store smerter. En perle er laget når overskuddet av skjellet dekker det fremmedartede stoffet igjen og igjen.

Det er to slags perler: naturlige perler og dyrkede perler. Mennesker har funnet ut hvordan de kan lage perler. De produserer mange skjell og setter inn en kunstig fremmed stoff i skjellene slik at de vil produsere perler. Disse perlene ser naturlige ut, men de er en god del billigere fordi de har et tynnere lag med perle.

Akkurat som et skjell som lager en nydelig perle vil ha store smerter mot det fremmede stoffet, er det en spesiell prosess med utholdenhet for Guds barn som strever etter å gjenvinne Guds forsvunne bilde. De kan komme frem med troen som er akkurat som rent gull og som de kan komme inn i det nye Jerusalem med, bare etter at de har lidet av motgang og sorg mens de lever her på denne jorden.

Hvis vi vil vinne seieren i troens kamp og komme gjennom portene til Byen Nye Jerusalem, må vi skape en perle i vårt hjerte. Akkurat som perle østersen vil tåle smerter og vil uttrekker perlemor for å lage en perle, må også Guds barn tåle smerter helt til de fullstendig oppnår Guds speilbilde.

Akkurat som synden kom hit til verden og mennesker ble mer og mer flekket av synder, mistet de Guds speilbilde. Det ble så plantet ondskap og usannhet i menneskene, og hjertene deres ble urene, og fikk en dårlig lukt. Gud Faderen viste Hans store kjærlighet selv overfor disse menneskene som levde med syndige hjerter i en syndig verden.

Alle som tror på Jesus Kristus vil bli renset med hans synd gjennom Hans blod. Men de sanne barna som Gud Faderen gjerne vil ha er de barna som har blitt fullstendig voksne. Han vil ha de som ikke blir skitne igjen etter at de har vasket seg. Åndelig vil dette bety at de ikke begår noen synder lenger, men at de helt perfekt tilfredsstiller Gud Faderen.

For å ha en slik perfekt tro, må vi først ha sannferdige hjerter. Vi kan ha et sannferdig hjerte når vi fjerner alle syndene og ondskapen fra vårt hjerte og heller fyller det med godhet og kjærlighet. Jo mer godhet og kjærlighet vi har, jo mer av Guds speilbilde har vi oppnådd.

Gud faderen tillater raffinerte prøvelser for Hans barn slik at de kan kultivere godhet og kjærlighet. Han lar dem finne syndene og ondskapen som de har i deres hjerte i forskjellige situasjoner. Når vi finner våre synder og ondskap, vil vi føle smerten i vårt hjerte. Det er akkurat som en skarp inntrenger bryter seg inn i en østers og stikker inn i det myke kjøttet. Men vi må anerkjenne det faktum at vi har smerter når vi går gjennom prøvelser på grunn av syndene og ondskapen i vårt hjerte.

Hvis vi virkelig anerkjenner dette faktum, kan vi nå lage en åndelig perle i vårt hjerte. Vi vil be iherdig for å kaste bort alle syndene og ondskapen som vi har oppdaget. Da vil Guds nåde og styrke finne oss. Den Hellige Ånd vil også hjelpe oss. På grunn av dette, vil synden og ondskapen som vi har funnet bli fjernet, og vi vil heller få et åndelig hjerte.

Er perlene forferdelige dyrebare når en tenker på hvordan de blir laget. Akkurat som skjellene må lide av smerten og holde ut for å produsere perlene, må vi overvinne og holde ut de store smertene for å komme inn i det nye Jerusalem. Vi kan komme inn gjennom disse portene bare når vi har seiret i kampen om troen. Disse portene er laget for å symbolisere dette faktum.

Brevet til hebreerne 12:4 forteller oss, *"Ennå har dere ikke gjort motstand like til blodet i deres kamp mot synden."* Og den andre halvdelen av Johannes' åpenbaring 2:10 anbefaler oss også til å *"Vær tro inntil døden, så vil jeg gi deg livsens krone."*

Akkurat som Bibelen forteller oss, kan vi komme inn i det nye Jerusalem, det vakreste stedet i himmelen, bare når vi motstår synden, kaster vekk all slags ondskap, er trofaste helt til vår død, og fullfører våre gjerninger.

Å overvinne troens prøver

Vi må ha en tro som ligner rent gull for å komme igjennom de tolv portene til det nye Jerusalem. Slik en tro er bare ikke forært:

bare når vi består og overvinner troens prøver blir vi belønnet en slik tro, akkurat som et skjell har store smerter når den produserer en perle. Men det er ikke så lett å vinne med troen fordi det er fienden djevelen og Satan som prøver å forhindre oss i å ha tro for alle pengene. Dessuten, til vi kan stå på troens klippe, vil vi kanskje føle at veien til himmelen er vanskelig og smertefull fordi vi må stå ansikt til ansikt med voldsomme kamper mot fienden djevelen i forhold til hvor mye løgn vi har i våre hjerter.

Men vi kan overvinne det fordi Gud gir oss Hans nåde og styrke, og den Hellige Ånden hjelper oss og leder oss. Hvis vi står på troens klippe etter at vi har fulgt disse stegene, vil vi kunne overvinne all slags vanskeligheter og glede oss istedenfor å lide.

Buddhist monker slår deres kropp og "undertrykker" dem gjennom meditering for å bli kvitt alle de jordiske tingene. Noen av dem praktiserer askese i mange tiår, og når de dør, en gjenstand som ligner en perle blir tatt fra deres lik. Dette er laget etter mange år med utholdenhet og selvbeherskelse, på samme måte som perlene er laget av østerskallene.

Hvor mye måtte vi kunne tåle og holde oss vekk ifra smertene hvis vi prøvde å bli kvitt verdslige fornøyelser og kontrollere kroppens begjær bare med vår egen styrke? Men Guds barn kan fort bli kvitt de jordiske fornøyelsene med Guds styrke og ære i midten av den Hellige Ånds arbeide. Vi kan også overvinne all slags vanskeligheter med Guds hjelp, og vi kan bli drevet av det åndelige kappløpet fordi himmelrike er klare for oss.

Guds barn som har troen må ikke lide i smerter av deres prøver, men må overvinne med glede og takknemlighet, og forutse velsignelsene som de vil motta ganske snart.

Himmelrike II

De tolv perleportene er for de som har seiret i troen

De tolv perleportene tjener som triumferende buer fra de som har seiret i troen, på samme måte som når de seirende lederne kommer hjem etter vellykkede kamper og marsjerer gjennom et minnesmerke for å ære deres prestasjon.

I gamle dager, for å motta de honorerte soldatene og deres ledere som kom seirende tilbake, ville folk bygge minnesmerker og strukturer og ga hvert sted navnet til heroiske mennesker. Den trimferende generalen ville bli æret og gå gjennom en trimferende bue eller port, mottat av en stor mengde mennesker, mens de red i en vogn som ble sendt til dem av kongen.

Når de kom til festhallen i midten av den triumferende syngingen, ville statsråder som satt sammen med kongen og dronningen ønske dem velkommen. Lederen går så ned fra vognen og bukker ned foran hans konge, og kongen ville reise ham opp og rose hans fremstående tjeneste. Så spiste de og drakk, og delte deres lykke over seieren. Lederen vil kanskje bli belønnet med høyere makt, rikdommer, og ærer sammenlignet med de som kongen har.

Hvis makten til lederen og hæren er så stor som dette, hvor mye større ville ikke makten til de som har passert gjennom de tolv portene til det nye Jerusalem være? De vil bli elsket og trøstet av Gud Faderen og bo der i all evighet i den æren som ikke kan bli sammenlignet med den til en leder eller soldater som går gjennom hvilken som helst triumferende bue. Når de passerer gjennom de tolv portene som er laget bare av perler, blir de minnet om deres reise i troen hvor de kjempet og gjorde deres beste, og gråt tårer som kom helt inne ifra deres hjerter i ren takknemlighet.

Elegansen til de tolv perleportene

I himmelen glemmer folk aldri noe selv etter lang tid, fordi himmelen er en del av den åndelige verdenen. Istedenfor tenker de ofte på fortidens minner.

Det er på grunn av dette at de som kommer inn til det nye Jerusalem er overveldet når de ser på de tolv portene med perler, og tenker, 'Jeg har overvunnet mange prøver og har til slutt kommet til det nye Jerusalem!' De fryder seg over minnet om det fakta at de kjempet og til slutt vant mot fienden og verden, og kastet vekk alle løgnene deres. De ga takknemlighet til Gud Faderen en gang til, husket Hans kjærlighet som førte dem til å overvinne denne verdenen. De takker også de som hjalp dem å komme til dette stedet.

I denne verdenen, takknemlighets graden blekner noen ganger fullstendig eller blir mindre ettersom tiden går, men siden det ikke er noe falskhet i himmelen, vokser menneskenes takknemlighet, lykke, og kjærlighet mere og mere ettersom tiden går. Derfor når nye Jerusalem beboerne ser på perleportene, er de takknemlige for Guds kjærlighet og for de som hjalp dem med å komme dit.

2. Gater Laget av Rent Gull

Idet folk mines om deres liv her på jorden og passerer de majestetiske bue formede perleportene, kommer de til slutt inn til det nye Jerusalem. Byen er full av lyset fra Guds ære, den fjerne, fredelige lyden av englenes ære, og svake dufter av blomstene. Når de tar hvert steg inn til Byen, føler de ubeskrivelig lykke og begeistring.

Veggene med de tolv juvelene og de vakre perleneportene har allerede vært diskutert. Hva er så gatene i det nye Jerusalem laget av? Akkurat som Johannes åpenbaring 21:21 forteller oss, *"Og stadens gate var rent gull, som klart glass,"* Gud laget gatene i det nye Jerusalem av rent gull for Hans barn som kom inn til Byen.

Jesus Kristus: Gaten

I denne verdenen er det mange slags gater, fra stille stier til jernbaner, og fra smale gater til motorveier. Avhengig av menneskenes reisemål og behov, bruker de forskjellige veier. Men for å kunne komme til himmelen, er det bare en vei: Jesus Kristus.

Jeg er veien, sannheten, og livet; ingen kommer til Faderen uten ved Meg (Johannes' evangeliet 14:6).

Jesus som er Guds eneste sønn åpnet veien til frelse ved å bli korsfestet på vegne av alle mennesker, som skulle dø på grunn av deres synder, og oppsto den tredje dagen. Når vi tror på Jesus Kristus, er vi kvalifiserte til å motta evig liv. Derfor er Jesus Kristus den eneste veien til himmelen, frelse, og evig liv. Det er dessuten veien til evig liv å akseptere Jesus Kristus og til å ligne Hans karakter.

Gyldne gater

På hver side av Elven med Livets Vann er gatene som tillater alle å finne tronen til Gud i den uendelige himmelen. Elven til

Livets Vann kommer ifra Guds trone og Lammet, flyter gjennom Byen det nye Jerusalem og alle bostedene i himmelen, og kommer tilbake til Guds trone.

> *Og han viste meg en elv med livsens vann, som rant, klar som krystall, ut fra Guds og Lammet trone. Mellom stadens gate og elven, på begge sider, sto livsens tre, som bar frukt tolv ganger og ga sin frukt hver måned; og bladene på treet var til legedom for folkene* (Johannes' åpenbareing 22:1-2).

Åndelig, symboliserer vann Guds Ord, og på grunn av at vi får liv gjennom Hans Ord og går veien mot det evige livet gjennom Jesus Kristus, flyter Livets Vann fra Guds trone og Lammet.

Dessuten siden Elven med Livets Vann sirkler rundt himmelen, kan vi lett nå det nye Jerusalem bare ved å følge de gyldne gatene på hver side av Elven.

Betydningen med de gyldne gatene

Gyldne gater er ikke bare lagt i det nye Jerusalem, men også gjennom alle stedene i himmelen. Men akkurat som klarheten, materialene, og skjønnheten er forskjellig fra hvert bosted, klarheten til de gyldne gatene er også forskjellige på hver bosted.

Rent gull i himmelen, i motsetning til rent gull som er funnet her på jorden, er ikke mykt men hardt. Men når vi spaserer på disse gatene, føles det veldig mykt. Dessuten er det ikke noe støv eller noe skittent i himmelen, og siden aldri noe blir utbrukt, blir heller ikke de gyldne gatene ødelagte. På hver side av gatene blomstrer det vakre blomster og de hilser på Guds barn som spaserer på gatene.

Hva er så meningen og grunnen til å lage gatene av rent gull? Det er for å minne oss om at jo renere våres hjerter er, jo bedre sted får de i himmelen å bo i. Siden vi bare kan komme inn til det nye Jerusalem når vi går mot Byen med tro og håp, har Gud laget veiene av rent gull, som står for åndelig tro og det intense håpet som kom fra denne troen.

Blomstergater

Akkurat som det er ulikheter med hvordan en spaserer på en nyklippet gressplen, stener, veidekke, og så videre, er det en forskjell mellom å spasere på de gyldne gatene og blomstergatene. Det er også andre gater som er laget av juveler, og det er en forskjell på lykken som en føler ved å spasere på dem. Vi ser også forskjellen på nytelsen av forskjellige typer fremmkomstmidler som fly, tog, eller buss, og det er det samme i himmelen. Å selv spasere på veiene er helt forskjellig fra å bli transportert automtisk av Guds makt.

Blomstergatene i himmelen har ikke blomster på hver side av gatene fordi selve gatene er laget av blomster slik at menneskene kan spasere på blomstene. Det føles mykt og luftig akkurat som å spasere på et mykt teppe barbent. Blomstene blir ikke skadet eller visner fordi våre kropper er åndelige kropper som er veldig lette, og blomstene er derfor ikke trampet på.

Dessuten fryder de himmelske blomstene og gir ut en duft når Guds barn spaserer på dem. Så når de spaserer på blomstergatene, er duftene absorbert inn i kroppene deres slik at deres hjerter vil bli lykkelige, oppfriskede, og lykkelige.

Juvelske gater

Gatene er laget av juveler med mange slags sterke farver og er fulle av vakre lys, hva som er mere interesant, skinner de vakrere lys når åndelige kropper spaserer på dem. Selv juvelene avgir dufter, og gleden og lykken som en føler er hinsides hans fatteevne. Vi kan også føle litt spenning når vi spaserer på de juvelske gatene fordi det føles som om en spaserer på vann. Men dette betyr ikke at vi ville føle det som om vi synker ned i vannet eller drukner, men føler istedenfor begeistring i hvert steg med litt press.

Men vi kan bare finne gater med juveler på visse steder i himmelen. De er med andre ord belønnet inne i og rundt huset til de som ligner Herrens hjerte og hadde bidratt mye ved å utføre Guds forsyn til den menneskelige oppdragelsen. Det er akkurat som når en liten åpning som er pyntet med elegante dekorasjoner som er laget av materiale av den høyeste kvalitet i et kongeslott eller palass.

Folk blir aldri trette av eller lut lei av noe i himmelen, men elsker alt i all evighet fordi det er den åndelige verdenen. De føler også mere lykke og glede fordi selv en liten gjenstand som denne er lagret med åndelig betydning, og menneskenes kjærlighet og beundring øker deretter.

Hvor vakker og vidunderlig er ikke det nye Jerusalem! Det er laget av Gud for Hans elskede barn. Selv menneskene i Paradiset og det Første, Andre, og det Tredje Kongerike i Himmelen

Himmelrike II

frydet seg stort og ble takknemlige når de passerte gjennom perleportene med innbydelse til det nye Jerusalem.

Kan du inbille deg hvor mye mere takknemlig og lykkelige Guds barn ville være på grunn av det faktum at de ankom det nye Jerusalem som et resultat av å ha trofast fulgt Herren, den sanne veien?

Tre nøkler for å kunne komme inn til det Nye Jerusalem

Det Nye Jerusalem er en by som er formert som en kubikk med en vidde, lengde, og høyde av 2,400 km. By veggen har totalt tolv porter og tolv grunnsteiner. By veggen, de tolv portene, og de tolv grunnsteinene har åndelige meninger. Hvis vi forstår disse meningene og fullfører dem i våre hjerter, da kan vi få den åndelige kvalifikasjonen til å komme inn til det Nye Jerusalem. På denne måten vil de åndelige meningene være nøklene til å komme inn til Byen Nye Jerusalem.

Den første nøkkelen til å komme inn til Nye Jerusalem er gjemt i by veggen. Akkurat som det ble skrevet i Johannes Åpenbaring 21:18, *"Materialene i veggen var ren jaspis; og byen var av rent gull, akkurat som klart glass,"* by veggen er laget av jaspis, som åndelig symboliserer troen som tilfredsstiller Gud.

Troen er den mest grunnleggende og viktigste tingen i det kristelige livet. Uten tro kan vi ikke bli reddet og vi kan heller ikke tilfredsstille Gud. For å komme inn til Byen Nye Jerusalem, må vi ha troen til å tilfredsstille Gud – troens femte nivå, som er det høyeste nivået av troen. Den første nøkkelen er derfor det femte nivået av troen—troen for å tilfredsstille Gud.

Den andre nøkkelen kan bli funnet i de tolv grunnsteinene. Samlingen av de åndelige hjertene representert av de tolv grunnsteinene er en perfekt kjærlighet, og denne perfekte kjærligheten er den andre nøkkelen til det Nye Jerusalem. De tolv grunnsteinene er laget av tolv forskjellige juveler. Hver juvel i de tolv grunnsteinene symboliserer et spesielt åndelig hjerte. De er hjerte til troen, oppriktigheten, ofringen, rettferdigheten, trofastheten, lidenskapen, barmhjertigheten, godheten, selvbeherskelsen, renheten, og ydmykheten. Når vi samler alle disse egenskapene, vil dette bli hjerte til Jesus Kristus og Gud Faderen, Han som er selve kjærligheten. Til slutt, den andre nøkkelen for å komme inn til det Nye Jerusalem er den perfekte kjærligheten.

Den tredje nøkkelen i Byen Nye Jerusalem er de tolv perle portene. Gjennom perlene vil Gud at vi skal innse hvordan vi kan komme inn til det Nye Jerusalem. Perlen er laget veldig forskjellig fra de andre juvelene. Alt gullet, sølvet, og de dyrebare edelsteinene som utgjør de 12 grunnsteinene, kommer alle fra jorden. Men perlen er helt usedvanlig og blir laget av en levende ting.

De fleste perler kommer fra perle østers. Perle østers må tåle smerter og gir så perlemor for å lage en perle. På samme måte må også Guds barn tåle smerter helt til de fullstendig oppnår Guds speilbilde.

Gud faderen vil gjerne motta slike barn som ikke gjør seg skitne igjen etter at de har blitt vasket av blodet til Jesus Kristus, men vil heller tilfredsstille Gud Faderen med en perfekt tro. Å ha en slik perfekt tro vil kreve at vi også har et sannferdig hjerte. Vi kan ha et sannferdig hjerte når vi fjerner alle syndene og ondskapen fra vårt hjerte og heller fyller det med godhet og kjærlighet.

Det er derfor Gud tillater at vi får troende prøvelser helt til vi har fått et sannferdig hjerte og en perfekt tro. Han lar oss finne syndene og ondskapen som de har i deres hjerte i forskjellige situasjoner. Når vi finner våre synder og ondskap, vil vi føle smerten i vårt hjerte. Det er akkurat som en skarp inntrenger bryter seg inn i en østers og stikker inn i det myke kjøttet. På samme måte som perle østersen dekker den uvelkomne inntrengeren med fler og fler lag av perlemor for å få det så tykt som mulig, vil perlemor i vårt hjerte bli tykkere når vi går gjennom prøvelser. Akkurat som en perle østers lager en perle, må vi troende også lage åndelige perler for å komme inn til det Nye Jerusalem. Dette er den tredje nøkkelen for å komme inn til det Nye Jerusalem.

Jeg håper at du kan forstå de åndelige meningene som ligger i by veggene i det Nye Jerusalem, de tolv gatene i veggen, og de tolv grunnsteinene, og at du også må ha de tre nøklene for å kunne komme inn til det Nye Jerusalem ved å ha de åndelige kvalifikasjonene.

7. kapittel

Det Sjarmerende Synet

1. Ingen Behov for Solskinnet eller Måneskinnet
2. Begeistringen for Det Nye Jerusalem
3. I All Evighet med Herren Vår Brudgom
4. Æren til Det Nye Jerusalems Beboere

"Og noe temple så jeg ikke i den; for dens tempel er Gud Herren, den allmektige, og Lammet. Og staden trenger ikke solen eller månen til å lyse for seg; for Guds herlighet opplyser den, og Lammet er dens lys. Og folkeslagene skal vandre i dens lys, og kongene på jorden bærer sin herlighet inn i den. Og dens porter skal aldri lukkes om dagen; for natt skal ikke være der; og de skal bære folkeslagenes herlighet og ære inn i den. Og intet urent skal komme inn i den, og ingen som farer med stygghet og løgn, men bare de som er innskrevet i livsens bok hos Lammet."

- Johannes' åpenbaring 21:22-27 -

Apostelen Johannes, han som den Hellige Ånden viste det nye Jerusalem til, skrev ned observasjoner av Byen i detaljer mens de så ned på den fra et høyere sted. Johannes hadde i lang tid hatt ønske om å se innne i det nye Jerusalem, og når han til slutt så innsiden av Byen som var så vakker, ble han helt i ekstase.

Hvis du har kvalifikasjonene til å komme inn i det nye Jerusalem og stå foran porten, vil vi kunne se den bueformede perleporten åpen, som i seg selv er for stor til at du kan se enden på det.

På det tidspunktet, kom de ubeskrivelige vakre lysene fra Byen det nye Jerusalem frem og omringet våre kropper. Vi føler Guds store kjærlighet med en gang og kan ikke kontrollere tårene som strømmer ned.

Å føle den overflytende kjærligheten til Gud Faderen som har beskyttet oss med Hans glødende øyne, Herrens nåde som har tilgitt oss med Hans blod på korset, og kjærligheten til den Hellige Ånd som er i våres hjerter, som har fått oss til å leve i sannheten, gir vi endeløs ære og utmerkelse.

La oss nå undersøke detaljene i Byen det nye Jerusalem som er basert på apostelen Johannes forklaring.

1. Ingen Behov for Solskinnet eller Måneskinnet

Apostelen Johannes, som så på landskapet på innsiden av det nye Jerusalem som var fyllt med Guds ære, tilsto følgende:

Og staden trenger ikke solen eller månen til å lyse for seg; for Guds herlighet opplyser den, og Lammet er dens lys (Johannes' åpenbaring 21:23).

Nye Jerusalem er fyllt med Guds ære siden selve Gud overholder og regjerer over Byen, og inne i den er toppkonferansen til det åndelige rike som Gud selv laget til treenigheten for den menneskelige oppdragelsen.

Guds ære skinner på det nye Jerusalem

Grunnen til at Gud har gitt oss solen og månen her på jorden er på grunn av at vi skal se forskjell på godt og ondt, og se forskjell på ånden og kjødet gjennom lyset og mørket slik at vi kan bo som Guds sanne barn. Han vet alt om ånden og kjødet, og godt og ondt, men menneskene kan ikke innse disse tingene uten den menneskelige oppdragelse på grunn av at de bare er skapninger.

Når den første mannen Adam var i Edens Have før menneskenes begynnelse, kunne han ikke vite om ondskap, døden, mørket, fattigdom, eller sykdommer. Det er på grunn av dette at han ikke kunne forstå livets virkelige mening og lykke eller å være takknemlige til Gud som hadde gitt ham alt, selv om hans liv var så i overflod.

For å kunne kjenne den virkelige lykke, måtte han derfor kunne gråte noen tårer, sørge, lide av smerte og sykdom, og erfare døden, og dette er prosessen av den menneskelige oppdragelsen. Vennligst henvis til Korsets Budskap for flere detaljer.

Til slutt brøt Adam loven med ulydighet da han spiste ifra

treet med kunnskapen om godt og ondt, han ble drevet ut til denne verdenen, og begynte å erfare relativiteten. Bare etter dette så han hvor mye overflod, lykke, og skjønnhet hans liv hadde hatt det i Edens Have, og kunne takke Gud i hans sanne hjerte.

Hans etterkommere kunne også se forskjell på lyset og mørket, på ånden og kjødet, og det gode fra det onde gjennom den menneskelige oppdragelsen mens han erfarte mange slags vanskeligheter. Derfor, så fort vi mottar frelse og drar til himmelen, ville lyset fra solen og månen som er nødvendig for menneskenes oppdragelse ikke lenger bli nødvendig.

Siden selve Gud oppholder seg i Byen det nye Jerusalem, er det ikke noe mørke der i det hele tatt. Dessuten skinner lyset til Guds ære mest i det nye Jerusalem; helt naturlig, trenger derfor ikke Byen, solen eller månen, eller noen lamper eller lys for å skinne på den.

Lammet som er det nye Jerusalems lampe

Johannes kunne ikke finne noe som ga fra seg lys akkurat som solen og månen, eller noen som helst lyspærer. Dette er på grunn av at Jesus Kristus, som er Lammet, blir lyset i Byen det nye Jerusalem.

Siden menneskenes første mann, Adam, begikk ulydighets synden, den menneskelige generasjonen måtte gå veien mot døden (Paulus' brev til romerne 6:23). Kjærlighetens Gud sendte Jesus til denne jorden for å løse dette problemet med synden. Jesus, Guds Sønn som kom hit til jorden kjødelig, renset våre synder ved å miste Hans blod på korset, og ble det første resultatet av oppstandelsen ved å bryte dødens makt.

Som resultat, alle de som aksepterte Jesus som deres personlige Frelser mottar livet og kan ta del i oppstandelsen, nyte evig liv i himmelen, og motta svar til alt hva de spør om her på jorden. Guds barn kan også bli lyset i denne verdenen ved å selv leve i lyste, og gi ære til Gud gjennom Jesus Kristus. Med andre ord, måten en lampe kan gi fra seg lys, skinner Guds lys skarpere gjennom Frelseren Jesus.

2. Begeistringen for Det Nye Jerusalem

Når vi ser inn til Byen det nye Jerusalem fra det fjerne, kan vi se vakre bygninger som er laget av så mange slags vakre stener og gull gjennom skyenes ære. Hele Byen virker som om den lever med en blanding av mange slags lys: lysene som kommer ut ifra husene som er laget av skjønne stener; lyset fra Guds ære; og lyste som kommer ut ifra veggene som er laget av jaspis og rent gull i klare og blålige farver.

Hvordan kan vi overhodet uttrykke med ord de følelsene og begeistringene vi får ved å komme inn til det nye Jerusalem? Byen er så vakker, storslagen, og ekstatisk, og helt utenom vår fantasi. I midten av Byen ligger Guds trone, begynnelsen av Elven med Livets Vann. Rundt Guds trone er husene til Elias, Enok, Abraham, og Moses, Maria Magdalena, og Jomfru Maria, som alle var elsket veldig høyt av Gud.

Herrens slott

Herrens slott ligger til høyre og på nedsiden av Guds trone, hvor Gud oppholder seg for gudstjenester eller festmiddager i Byen det nye Jerusalem. I Herrens slott er det mektige bygninger med gyldne tak i midten, og rundt det er det spredd mange slags bygninger uendelig. Spesielt er det mange kors med ære, som er omringet av sterke lys, over de gyldne, kuppel formede takene. De minner oss om at vi mottar frelse og kommer til himmelen fordi Jesus har tatt korset.

Den store bygningen i midten er en sylinder formet konstruksjon, men siden den er pyntet med mange delikate håndverkede juveler, skinner det vakre lys fra hver juvel som blir blandet sammen til regnbuens farver. Hvis vi skulle sammenligne Herrens slot med mange som er laget av mennesker her på jorden, er den nærmeste likheten det St. Basils Katedralen i Moskva, Russland. Men stilen, materialene, og størrelsen kan overhodet ikke bli sammenlignet med den mest praktfulle byggnigen som noensinne har blitt konstruert eller bygget her på jorden.

Utenom denne bygningen i midten er det mange byggninger i slottet til Herren. Selve Gud Faderen anskaffet disse bygningene slik at de som har et nært forhold til ånden kunne oppholde seg hos sine kjære. Når en står rett frem for Herrens slott, står husene til de tolv disiplene i rad og rekke. Foran er huset til Peter, Johannes, og Jakob, og husene til de andre disiplene står bak dem. Hva som er spesielt er at det er steder for Maria Magdalena og Jomfru Maria til å oppholde seg i Herrens slott. Disse stedene er selvfølgelig bare for de to kvinnene til å oppholde seg midlertidig, når de er inviterte av Herren, og deres egentlige oppholdssted som er i likhet med et slott ligger nærmere Guds trone.

Slottet til den Hellige Ånd

På venstre side og nedenfor Guds trone er slottet til den Hellige Ånden. Dette enormt store slottet representerer fromhet og mykhet, som er den Hellige Ånds egenskaper og som er i likhet med en mors egenskaper med mange harmoniske kuppel formede bygninger i forskjellige størrelser. Taket på den største bygningen i midten av slottet er akkurat som en stor del av karneol, som representerer lidenskap. Rundt denne bygningen flyter Elven med Livets Vann som begynner fra Guds trone og Herrens slott.

Alle slottene i det nye Jerusalem er så utrolig store og praktfulle langt vekk fra noe vi kan tenke oss, men slottet til Herren og den Hellige Ånd er spesielt praktfullt og vakkert. Deres størrelse er mere som en by enn et slott, og de er bygget i en veldig spesiell stil. Dette er på grunn av at, i motsetning til andre huser som er bygget av engler, er de bygget av selve Gud Faderen. Dessuten, akkurat som slottet til Herren, er husene til de som kom sammen med den Hellige Ånd og fullførte Guds kongerike på tiden med den Hellige Ånd også bygget vakkert rundt omkring slottet til den Hellige Ånd.

Det Mektige Sanktiarium

Det er mange bygninger under konstruksjon rundt slottet til den Hellige Ånd, og det er spesielt en storslagen og mektig byggning. Det har et rundt tak og tolv søyler, og det er tolv store porter mellom søylene. Dette er det Mektige Sanktuariumet som er laget etter Byen det nye Jerusalem.

Men, Johannes i Johannes' åpenbaring 21:22 sier, *"Og noe tempel så jeg ikke i den; for dens tempel er Gud Herren, den allmektige, og Lammet."* Hvorfor kunne ikke Johannes se et temple? Mennesker tenker vanligvis at Gud trenger et sted til å oppholde seg, dvs. i et tempel akkurat som vi trenger et oppholdssted. På denne jorden tilbeder vi Ham derfor i sanktuariums hvor vi forkynner Guds Budskap.

Akkurat som det ble erklært i Johannes' evangeliet 1:1, *"I begynnelsen var Ordet, og Ordet var hos Gud, Og Ordet var Gud,"* hvor Ordet er, der er også Gud; sanktuariummet er hvorenn Ordet blir forkynnet. Men selve Gud oppholder seg i Byen det nye Jerusalem. Gud som er selve Ordet, og Herren som er den samme som Gud, oppholder seg i Byen det nye Jerusalem, slik at det ikke er nødvendig med noe annet tempel. Gjennom apostelen Johannes lar Gud oss derfor vite at det ikke er nødvendig med noe tempel og at Gud og Herren er selve tempelet i det nye Jerusalem.

Da sitter vi så tilbake og funderer på, hvorfor blir et Mektig Sanktuarium som ikke var tilstede i apostelen Johannes tid, bygget i dag? Som vi finner det i Apostelens gjerninger 17:24, *"Gud, han som gjorde verden og alt som er i den er, han som er Herre over himmel og jord, han bor ikke i templer gjort med hender,"* Gud oppholder seg ikke i en spesiell tempel bygning. Som vi igjen finner i Salmenes bok 103:19, *"Herren har reist sin trone i himmelen, og hans rike hersker over alle ting,"* Guds trone er i himmelen.

På samme måte vil Han fremdeles bygge det Majestetiske Sanktuariumet som representerer Hans ære, selv om Hans trone er i himmelen; det Majestetiske Sanktuarium blir et solid vitne

129

for å vise Guds makt og ære over hele verden.

Det er i dag mange mektige og storslagne bygninger per på jorden. Mennesker investerer store pengesummer og bygger vakre bygninger for deres egen ære og ifølge deres eget ønske, men ingen gjør det samme for Gud, som virkelig er verdt æren. Derfor vil Gud bygge det vakre og storslagne Majestetiske Sanktuarium gjennom Hans barn som har mottat den Hellige Ånd og blitt frelst. Etter dette vil Han bli riktig æret av folkene rundt om i verden (1. Krønikebok 22:6-16).

På samme måte når det vakre Majestetiske Sanktuarium er bygget sånn som Gud vil, vil alle mennenskene fra alle nasjonene ære Gud og gjøre seg selv istand som Herrens bruder for å motta Ham. Det er på grunn av dette at Gud gjorde istand det Majestetiske Sanktuarium som et senter for å lede mange mennesker med forkynnelse gjennom frelsens vei, og lede dem til det nye Jerusalem ved tidens slutt. Hvis vi har forståelse om dette forsynet til Gud, bygger det Majestetiske Sanktuarium, og gir ære til Gud, vil Han belønne oss ifølge våre gjerninger og bygge det samme Majestetiske Sanktuarium i Byen det nye Jerusalem.

Når vi ser på det Majestetiske Sanktuarium som er laget av juveler og gull som ikke kan bli sammenlignet med noe annet verdslig materiale, vil de som kommer inn til himmelen derfor bli usedvanlig takknemlige for Guds kjærlighet som førte oss gjennom æren og velsignelsen gjennom den menneskelige oppdragelsen.

Himmelske huser som er dekorerte med juveler og gull

Rundt slottet til den Hellige Ånd er husene dekorert med mange slags vakre stener, og det er også mange huser som fremdeles er under konstruksjon. Vi kan se mange engler som arbeider, og som plaserer vakre juveler her og der eller rydder tomter for husene. På denne måten, gir Gud belønning ifølge hver persons gjerning og setter dem i hans eller hennes hus.

Gud viste meg en gang husene til to veldig trofaste arbeidere i denne kirken. Den ene av dem har vært en kilde med mye styrke for kirken ved å be dag og natt for Guds kongerike, og hennes hus er bygget med aromaen av bønner og iherdighet, og den er dekorert fra inngangen med strålende juveler.

For å tilpasse hennes søte egenskaper er det også et bord på den ene siden av haven hvor hun kan ha te med hennes kjære. Det er mange slags små blomster i forskjellige farver på grasset til sletten. Dette beskriver bare inngangen og haven til personens hus. Kan du forestille deg hvor praktfull hovedbygningen ville være?

Det andre huset som Gud viste meg tilhørte en arbeider som har viet seg selv i litteraturforkynnelse her på jorden. Jeg kunne se et rom blandt mange i hovedbygningen. Det er et skrivebord, en stol, og et stearinlys, som alle er laget av gull, og mange bøker i dette rommet. Dette er for å belønne og for å minnes hennes arbeide med å ære Gud gjennom litteraturforkynnelse, og fordi Gud vet at hun elsker å lese.

Dessuten gjør Gud ikke bare istand våre himmelske huser, men gir oss også slike vakre ting som vi ikke kan forestille oss, for å belønne oss for å ha oppgitt og forlatt våre verdslige lidenskaper her på jorden for å vie oss selv fullstendig med å fullføre Guds kongerike.

3. I All Evighet med Herren Vår Brudgom

I Byen det nye Jerusalem, er det hele tiden holdt mange slags festmiddager i tillegg til den som er holdt av Gud Faderen. Dette er på grunn av at de som lever i det nye Jerusalem kan invitere brødre og søstre som lever på andre bosteder i himmelen. Hvor strålende og lykkelig ville det ikke være hvis du kunne bo i det nye Jerusalem og bli invitert av Herren for å dele kjærligheten med Ham og delta i hyggelige festmiddager!

Varm velkomst på Herrens slott

Når menneskene i det nye Jerusalem er invitert av deres brudegom Herren, pyntet de seg selv som de vakreste brudene og med lykkelige hjerter som kom sammen på Herrens slott. Når disse Herrens bruder ankom til Hans slott, sto to engler på hver side av den skinnende hovedporten ønsket dem hjertelig velkommen. På denne tiden, duften fra veggene som var dekorerte med mange juveler og blomster omringet deres kropper for ekstra lykke.

Når du kommer inn hovedporten, lyden av lovprisningen som rører ved den dypeste siden av ånden kan høres i det fjerne. Så når en hører denne lyden, fred, lykke, og takknemlighet for Guds kjærlighet vil overflyte deres hjerte fordi de vet at Han har ført dem dit.

Mens de spaserer på den gyldne gaten som er klar som glass for å nå hovedbygningen, er de eskortet av englene og passerer mange vakre bygninger og haver. Helt til de når hovedbygningen, banker hjertene deres ved tanken på å møte Herren. Å komme

Det Sjarmerende Synet

nærmere hovedbygningen, kan de nå se selve Herren som venter på å motta dem. Tårer blokkerer deres syn, men de springer til Herren for de har et alvorlig ønske om å kunne se Ham bare et sekund tidligere. Herren venter på dem med Hans åpne armer, og med Hans ansikt full av kjærlighet og fromhet klemmer han hver og en av dem.

Herren sier til dem, "Kom, Mine vakre bruder! Dere er hjertelig velkommen!" De som er inviterte tilstår deres kjærliget i Hans favn, og sier, "Jeg er takknemlig fra bunnen av mitt hjerte for at du inviterte meg!" Så spaserer de her og der hånd i hånd med Herren akkurat som par som er dypt forelsket, og har henrivende samtaler som de har lengtet etter helt siden deres tid her på jorden. Til høyre for hovedbygningen er det et stort tjern, og Herren forklarer i detaljer om Hans følelser og omstendigheter vedrørende Hans tid som prestetjeneste her på jorden.

Ved tjernet som minner om Galileasjøen

Hvorfor minner dette tjernet dem om Galileasjøen? Gud laget dette tjernet som et minne fordi Herren begynte og gjorde mesteparten av Hans prestetjeneste rundt Galileasjøen (Matteus' evangeliet 4:23). Profeten Esaias 9:1 sier, *"For det skal ikke alltid være mørke for det land hvor det nå er trengsel; tidligere førte han vanære over Sebulons land og over Naftalis land, men i fremtiden skal han føre ære over det, over veien ved havet, landet på hin side Jordan, hedningenes Galilea."* Det var profetert at Herren ville begynne Hans prestetjeneste ved Galileasjøen og forutsigelsen ble fullført.

Mange fisker som utgå forskjellige lysfarver svømmer i dette store tjernet. I Johannes' evangeliet 21, den oppståtte Herren kom til Peter, som ikke hadde fått noe fisk, og fortalte ham, *"Kast garnet på den høyre side av båten, så skal dere få"* (v. 6), og når Peter føyde seg, fanget han 153 fisker. I tjernet i Herrens slott er det også 153 fisker, og dette er også for å minnes om Herrens prestetjeneste. Når disse fiskene hopper opp i luften og gjør bedårende kunststykker, forandrer deres farver på mange måter for å tilføye deres lykke og fornøyelse til de som var inviterte. Herren spaserer på dette tjernet akkurat som Han gjorde det på Galileasjøen her på jorden. De som var inviterte ville så stå rundt tjernet glade og lengte etter å høre Herren prate. Han forklarer i detaljer om da Han spaserte på Galileasjøen her på jorden. Da ville Peter, som kunne spasere på vannet for et kort øyeblikk her på jorden ved å adlyde Herrens Ord, føle seg ille til mote på grunn av at han sank ned i vannet fordi han hadde liten tro (Matteus' evangeliet 14:28-32).

Et museum som æret Herrens prestetjeneste

Når folk besøker forskjellige steder med Herren, tenker de nå på tiden de hadde her på jorden hvor de ble oppdratt, og de blir overveldet av Faderens og Herrens kjærlighet som har laget istand himmelen til dem. De ankommer et museum på venstre side av hovedbygningen i Herrens slott. Selve Gud Faderen bygget det i minne om Herrens prestetjeneste her på jorden slik at menneskene kan se og føle det som en virkelighet. For eksempel, stedet hvor Jesus ble dømt av Pontius Pilatus og Via Dolorosa hvor Han bærte korset opp til Golgata er bygget opp slik som det var før. Når mennesker ser disse stedene, forklarer

Herren situasjonen i detaljer slik den var på den tiden.

En liten stund tilbake, med den Hellige Ånds inspirasjon, fikk jeg lære hva Herren hadde tilstått på den tiden, og jeg vil gjerne dele noe av det med dere. Det er en oppriktig tilståelse fra Herren, som kom hit til denne verdenen etter at Han hadde gitt slipp på all æren i himmelen, som Han holdt mens Han spaserte opp til Golgata med korset.

Fader! Min Fader!
Min Fader, hvem er perfekt i lyset,
Du elsker virkelig allt!
Jorden som Jeg går på
for første gangen med Deg,
og folket,
helt siden de ble skapt,
har nå fordervet så mye moralsk...

Nå innser Jeg
hvorfor Du har sendt Meg hit,
hvorfor Du lot meg lide av disse forsakelsene
som kom fra de korrupte hjertene til menneskene,
og hvorfor Du lot Meg komme ned hit
fra det vidunderlige stedet i himmelen!
Nå kan Jeg føle og innse
alle disse tingene
helt inne i Mitt hjerte.

Men Fader!
Jeg vet at Du vil gjenopprette alt

i Din rettferdighet og gjemte hemmeligheter.
Fader!
Alle disse tingene er kortvarige.
Men på grunn av æren
som Du vil gi til Meg,
og lysets vei
som Du åpner for disse menneskene,
Fader,
tar Jeg dette korset med håp og lykke.

Fader, Jeg kan gå denne veien
fordi Jeg vet
at Du vil åpne denne veien og lyse
med Din tillatelse og med Din kjærlighet,
og Du vil skinne vakre lys
på Din Sønn
når alle disse tingene er over,
om ikke så lenge.

Fader!
Jorden som Jeg pleide å gå på er laget av gull,
veiene som Jeg pleide å spasere på er også av gull,
duften av blomstene som Jeg pleide å kjenne aromaen av
kan ikke bli sammenlignet med
de som er her på jorden,
stoffet til klærne
som Jeg pleide å ha på Meg
er så forskjellige fra disse,
og stedet hvor Jeg bodde er

slikt et herlig sted.
Og jeg vil gjerne at disse menneskene
skal vite om dette vakre og fredfulle stedet.

Fader,
Jeg innser hver eneste del av Ditt forsyn.
Hvorfor Du fødte Meg,
hvorfor Du ga Meg denne oppgaven,
og hvorfor Du lot Meg komme ned hit
for å gå på denne korruptede jorden,
og for å lese tankene til de korruptede menneskene.
Jeg lovpriser Deg Fader
for Din kjærlighet, storsinnethet,
og alle disse tingene som er fullkommene.

Min kjære Fader!
Mennesker tror at Jeg ikke forsvarer Meg selv,
at Jeg påstår at Jeg er Jødenes konge.
Men Fader,
hvordan kan de få tak i minnene
som kommer fra Mitt hjerte,
kjærligheten for Faderen som kommer fra Mitt hjerte,
kjærligheten for disse menneskene
som kommer fra Mitt hjerte?

Fader,
mange mennesker vil innse og forstå
de sakene som skjer og som skal skje senere
gjennom den Hellige Ånd

Du vil gi det til dem som gave
etter at jeg har dratt.
På grunn av denne kortvarige smerten,
Fader, ikke gråt
og snu ikke Ditt ansikt fra Meg.
La ikke Ditt hjerte bli fylt med smerte,
Fader!

Fader, Jeg elsker Deg!
Helt til Jeg blir korsfestet,
mister alt Mitt blod og drar Mitt siste åndedrag,
Fader, tenker Jeg på alle de tingene
og hjertene til disse menneskene.

Fader, ikke bli lei deg
men lovpris Deg gjennom Din Sønn,
og forutsigelsen og alle planene til Faderen
vil bli fullstendig fullendt i all evighet.

Jesus forklarer om hva som foregikk i Hans tanker mens Han hang på korset: æren til himmelrike; når Han selv står foran Faderen; folket; grunnen til at Faderen måtte gi Ham denne forpliktelsen, og så videre.

De som er inviterte til Herrens slott gråt mens de hørte på dette og ble tåredryppende takknemlig til Herren for at Han hadde tatt korset på deres vegne, og tilsto dypt inne fra deres hjerter, "Min Herre, Du er min virkelige Frelser!"

Til minne om Herrens vanskeligheter, laget Gud mange veier av juveler i slottet til Herren. Når noen spaserer på veiene som er bygget og pyntet med mange juveler i mange forskjellige farver, blir lysene skarpere og det føles som om en spaserer på vannet. Videre, til minne om at Han ble hengt på korset for å frelse menneskene fra deres synder, laget Gud faderen et kors av tre som var smørt inn med blod. Det er også stallen i Betlehem hvor Herren ble født, og det er mange ting å se og føle Herrens prestetjeneste akkurat som virkeligheten. Når mennesker besøker disse stedene, kan de klart se og høre om Herrens arbeide slik at de kan føle Herrens og Faderens kjærlighet i større dybde og gi ære og takk i all evighet.

4. Æren til Det Nye Jerusalems Beboere

Det nye Jerusalem er det vakreste stedet i himmelen som blir påskjønnet de som har fullført helliggjørelse i deres hjerter og var trofaste i alle Guds hus. Johannes' åpenbaring 21:24-26 forteller oss hva slags mennesker som mottar æren ved å komme inn til det nye Jerusalem:

> *Og folkeslagene skal vandre i dens lys, og kongene på jorden bærer sin herlighet inn i den. Og dens porter skal aldri lukkes om dagen; for natt skal ikke være der; og de skal bære folkeslagenes herlighet og ære inn i den.*

Folkeslagene spaserer med deres lys

Her refererer "folkeslagene" til alle menneskene som blir frelst samme hva deres etniske bakgrunn er. Selv om menneskenes statsborgerskap, menneskeslektene, og andre egenskaper er forskjellig fra den ene personen til den andre, så snart de blir frelst gjennom Jesus Kristus, blir de alle Guds barn med det himmelske kongerikets statsborgerskap.

Frasen "folkeslagene vil spasere med deres lys" betyr derfor at alle Guds barn vil spasere innenfor lyset til Guds ære. Men ikke alle Guds barn vil ha æren til å frivillig komme inn til det nye Jerusalem. Dette er på grunn av at de som oppholder seg i Paradiset, det Første, Andre, eller Tredje Kongerike i Himmelen kan gå inn i det nye Jerusalem bare ved å bli invitert. Bare de som var fullstendig renset og var trofaste i alle Guds hus kan ha æren av å se Gud faderen ansikt til ansikt i det nye Jerusalem i all evighet.

Kongene på jorden vil ta frem deres ære

Uttrykket "jordens konger" referere til de som før var åndelige ledere her på jorden. De skinner som de tolv juvelene til de tolv grunnlagene til veggene i det nye Jerusalem og har kvalifikasjonene til å ustanselig oppholde seg i Byen. På samme måte, når de som er anerkjente av Gud står foran Ham, vil sende dem ofringer som de har laget istand med hele deres hjerter. Ved "ofringer" mener jeg alt som de har gitt ære til Gud for med hele deres hjerter som er like rene og klare som krystall.

Derfor betyr "jordens konger vil sende deres ære til den" at de vil lage istand ofringer alle de tingene som de har anstrengende arbeidet for i Guds kongerike og gitt ære til Ham, og komme inn til det nye Jerusalem med dem.

Kongene her på jorden gir ofringer til andre konger i større og sterkere nasjoner som en måte å smigre dem på, men ofringene til Gud er gitt av takknemlighet for å ha ført dem til frelse og evig liv. Gud mottar denne ofringen veldig gledelig og belønner dem med ære til å kunne bo i Byen det nye Jerusalem for alltid.

I det nye Jerusalem, er det ikke noe mørke fordi Gud, som er selve lyset, oppholder seg der. Siden det ikke er noen natt, ondskap, død, eller tyver, er det ikke nødvendig å lukke portene til det nye Jerusalem. Men grunnen til at De hellige skriftene sier "dagstid" er på grunn av at vi bare har begrensede kunnskaper og kapasitet for å fullstendig forstå himmelen.

Bringe med seg folkeslagenes ære og verdighet

Så hva betyr så "de vil bringe inn æren og verdigheten til folkeslagene"? "De" refererer her til alle de som har mottat frelse fra alle folkeslagene her på jorden, og "de vil bringe inn æren og verdigheten til folkeslagene" betyr at disse menneskene vil komme inn til det nye Jerusalem med de tingene som de har Guds ære, mens aromaen av Jesus Kristus blir utgitt her på jorden.

Når et barn studerer hardt og hans karakterer går opp, vil han skryte til hans foreldre. Foreldrene vil bli lykkelige med ham fordi de vil bli stolte av deres barns harde arbeid, selv om han kanskje ikke har fått de beste karakterene. På samme måte, akkurat som når vi handler med troen for Guds kongerike her på jorden, utgir vi aromaen til Jesus Kristus og gir ære til Gud, og Han mottar dette med glede.

Det er omtalt ovenpå om at "kongene på jorden vil bringe deres ære inn i den," og grunnen til at det står "kongene på jorden" først er for å vise den åndelige ordren eller rangen hvor menneskene kommer før Gud.

De som er kvalifiserte til å oppholde seg i det nye Jerusalem i all evighet med æren akkurat som solen, vil komme til Gud først, og fulgt av de som er frelset fra alle nasjonene med respektiv ære. Vi må innse at hvis vi ikke har kvalifikasjonene til å bo i det nye Jerusalem i all evighet, kan vi bare besøke Byen nå og da.

De som kan komme inn til det nye Jerusalem

Kjærlighetens Gud vil at alle skal motta frelse og belønner hver og en med et bosted og himmelske belønninger ifølge hans eller hennes gjerninger. Det er på grunn av dette at de som ikke har kvalifikasjonene til å komme inn til det nye Jerusalem vil komme inn til det Tredje, Andre, eller det Første Kongerike i Himmelen, eller Paradiset ifølge målingen av deres tro. Gud holder spesielle festmiddager og inviterer dem til det nye Jerusalem slik at de også kan nyte Byens storslagenhet.

Men du kan se at det er noen mennesker som aldri kan komme inn i det nye Jerusalem selv om Gud vil ha barmhjertighet med dem. Nemlig de som ikke mottok frelse kan aldri se æren til det nye Jerusalem.

Og intet urent skal komme inn i den, og ingen som farer med stygghet og løgn, men bare de som er innskrevet i livsens bok hos Lammet (Johannes' åpenbaring 21:27).

"Uren" refererer her til dømming og fordømming av andre, og

klaging ved å søke ens egne interesser og fordeler. Slik en person antar rollen som en dommer og dømmer andre med hans egen vilje, istedenfor å forstå dem. "Stygghet" refererer her til alle gjerningene som kommer fra det stygge hjerte på en tvilrådig måte. Siden mennesker har uberegnelige og lunefulle hjerter og sinn, takker de bare når de mottar svar på deres bønner, men beklager seg snart og beklager seg hvis de får prøver. De med skamfulle hjerter bedrar samtidig deres samvittighet og nøler ikke med å forandre deres sinn på jakt etter deres egne interesser.

En "løgnaktig" person er en som svindler seg selv og hans samvittighet, og vi må vite at slikt bedrageri blir en av Satans feller. Det er noen løgnere som lyver regelmessig og noen andre som lyver for å beskytte andre, men Gud vil at vi til og med kaster slike løgner. Det er noen mennesker som skader andre ved å gi falske vitner, og en slik person som snyter andre med en ond hensikt vil ikke bli frelst. De som snyter den Hellige Ånd eller i Guds arbeide er også ansett som "løgnere." Judas Iskariot, en av de tolv disiplene til Jesus, hadde ansvaret for pengesekken og fortsatte med å snyte i Guds arbeide ved å stjele fra hovedkassen, og begå andre synder. Når Satan til slutt kom inn til ham, solgte han Jesus for tredve sølv mynter og ble kastet bort for alltid.

Det er noen mennesker som ser syke mennesker bli helbredet og djevelene drevet ut av den Hellige Ånd i Guds makt, men som fremdeles nekter disse arbeidene og istedenfor sier at de er Satans arbeide. Disse menneskene kan ikke komme inn i himmelen fordi de spotter Gud og prater dårlig om den Hellige Ånd. Vi burde ikke fortelle noen løgner i noen omstendigheter i Guds øyne.

Slette ut navnene fra Livet Bok

Når vi blir frelset av troen, blir våre navner skrevet ned i Livets Bok til Lammet (Johannes' åpenbaring 3:5). Men dette betyr ikke at alle som har akseptert Jesus Kristus vil bli frelst. Vi kan egentlig bare bli frelst når vi handler ifølge Guds Ord og ligner Herrens hjerte ved å renvaske våre hjerter. Hvis vi fremdeles lyver etter at vi har akseptert Jesus Kristus, vil navnene våres bli slettet ut fra Livets Bok og vi vil på slutten ikke engang motta frelse.

Om dette, forteller Johannes åpenbaring 22:14-15 oss at velsignet er de som vasker deres kapper og de som ikke vasker deres kapper vil ikke bli frelst:

> Salige er de som tvetter sine kjortler, så de må få rett til livsens tre og gjennom portene komme inn i staden. Men utenfor er hundene og trollmennene og horkarlene og manndraperne og avgudsdyrkerne og enhver som elsker og taler løgn.

"Hundene" refererer her til de som lyver igjen og igjen. De som ikke snur seg vekk ifra deres onde gjerninger, men fortsetter med å gjenta ondskapen kan aldri bli frelst. De er akkurat som en hund som går tilbake til dens oppkast, og en purke som akkurat er gjort ren og som går tilbake til å rulle seg rundt i søla. Dette er på grunn av at det virker som om de har kastet vekk sin ondskap, men fortsetter med deres ondskap, og det virker som om de har blitt bedre, men kommer tilbake til ondskapen.

Men Gud gjenkjenner troen til de som har strevet med å opptre godt selv om de ennå ikke kan opptre fullstendig ifølge

Guds ord. De vil til slutt bli frelst fordi de fremdeles forandrer seg og Gud tror på deres anstrengelse som troen.

"Trollmenner" refererer til "de som praksiserer magisk kunst." De opptrer motbydelig, og får andre til å be til falske guder. Dette er forferdelig motbydelig for Gud.

"Umoralske personer" begår utroskap selv om han/henne har en kone eller en mann. Det er ikke bare fysisk utroskap, men også åndelig utroskap, hvor en elsker alt annet mere enn Gud. Hvis en person som hadde en sterk erfaring med den levende Gud og innså Hans kjærlighet, fremdeles fortsetter med å elske andre verdslige ting som penger eller hans familie mere enn han elsker Gud, vil denne personen begå åndelig utroskap, og det er ikke riktig i Guds øyne.

"Mordere" begår fysiske eller åndelige mord. Hvis du kjenner til den åndelige betydningen av "mord," ville du sansyneligvis ikke kunne modig si at du ikke har mordet noen. Et åndelig mord er å være årsak til at Guds barn synder og mister deres åndelige liv (Matteus' evangeliet 18:7). Hvis du forårsaker andre noen lidelser med noe som står imot sannheten, er det også et åndelig mord (Matteus 5:21-22).

Det er også et åndelig mord å hate, misunne og å være sjalu, dømme, fordømme, krangle, bli sinte, snyte, lyve, ha uenighet og splittelse, baktaling, og å være uten kjærlighet og barmhjertighet (Galaterbrevet 5:19-21). Men noen ganger er det noen mennesker som mister deres fotfeste i deres egen ondskap. Hvis de for eksempel forlater Gud fordi de er skuffet over noen i kirken, er det i deres egen ondskap. Hvis de virkelig hadde trodd på Gud, ville de aldri ha mistet deres fotfeste.

"Avgudsdyrker" er også en av de tingene som Gud hater

mest. I avgudsdyrking er det fysisk avgudsdyrking og åndelig avgudsdyrking. Fysisk avgudsdyrking lager en formløs gud som et forbilde og tilbeder det (Profeten Esaias 46:6-7). Åndelig avgudsdyrking er alt det som du elsker mere enn Gud. Hvis en elsker hans eller hennes ektemake eller barn mere enn han/henne elsker Gud i jakt etter deres eget ønske, eller bryter Guds bud ved å elske penger, berømmelse, eller kunnskap mere enn han/henne elsker Gud, dette er åndelig avgudsdyrking.

Slike mennesker, samme hvor mye de vil rope ut "Herre, Herre" og være med i kirken, kan ikke bli frelst og komme inn i himmelen fordi de elsker ikke Gud.

Hvis du derfor aksepterte Jesus Kristus, mottok den Hellige Ånd som Guds gave, og navnet ditt er skrevet ned i Livets Bok til Lammet, må du venligst holde i tankene at du kan komme inn til himmelen og komme videre til det nye Jerusalem bare når du holder Guds Ord.

Det nye Jerusalem er stedet hvor bare de som er fullstendig frelst i deres hjerter og trofaste i alle Guds hus kan komme inn.

På den ene side, de som kommer inn til det nye Jerusalem kan møte Gud ansikt til ansikt, ha fantastiske samtaler med Herren, og ha glede av den utrolige æren og lovprisningen. På den annen side, de som oppholder seg i Paradiset, det Første, Andre, eller det Tredje Kongerike i Himmelen kan besøke Byen til det nye Jerusalem bare når de er inviterte til spesielle festmiddager inkludert de som er holdt av Gud Faderen.

8. kapittel

"Jeg Så den Hellige Byen, det Nye Jerusalem"

1. Himmelske Huser i Utrolige Størrelser

2. Et Praktfult Slott Med Fullstendig Uforstyrrethet

3. Sightseeing Steder i Himmelen

"Salige er dere når de spotter og forfølger
dere og lyver dere allehånde ondt på for
Min skyld. Gled og fryd dere! For deres
lønn er stor i himmelen; for således
forfulgte de profetene før dere."

- Matteus' evangeliet 5:11-12 -

I Byen det nye Jerusalem, himmelske huser blir bygget slik at de menneskene som har hjertene som fullstendig ligner Guds hjerte vil leve i dem senere. Ifølge hver eiers smak, er de bygget av erkeengler og engler som står for byggingen, med Herren som leder. Dette er en rettighet som bare de som kan komme inn til det nye Jerusalem kan nyte. Noen ganger gir Gud selv en ordre til en erkeengel for å bygge et hus spesielt for en viss person slik at det kan bli laget helt nøyaktig ifølge eierens smak. Han glemmer ikke en eneste dråpe av tårene som Hans barn gråter for Hans kongerike og belønner dem med vakre og kostbare stener.

Akkurat som vi finner i Matteus' evangeliet 11:12, forteller Gud oss at i den grad vi vinner i åndelig kamper og modner i troen, kan vi ha et vakrere sted i himmelen:

Men fra døperen Johannes' dager inntil nå trenger de seg med makt inn i himlenes rike, og de som trenger seg inn, river det til seg.

Kjærlighetens Gud har i mange år ledet oss til å kjempe oss frem mot himmelen, og til å se de himmelske husene til det nye Jerusalem klart og tydelig. Dette er på grunn av at tiden for Herrens tilbakemomst, han som gikk og laget istand et sted for oss, har nærmet seg.

1. Himmelske Huser i Utrolige Størrelser

I det nye Jerusalem er det mange vakre huser i utrolige mange størrelser. Blandt dem er det et vakkert og fantastisk hus som er bygget på et stort område. På midten er det et rundt, stort og vakkert tre etasjes slott, og rundt slottet er det mange byggninger og ting til å nyte, eller kjørebaner som er funnet i en fornøyelsespark for at dette stedet skal se ut som en verdensberømt turist attraksjon. Hva som er virkelig overraskende er at dette himmelske huset som ligner et byhus tilhører et individ som er oppdratt her på jorden!

Salige er de fromme, for de skal arve jorden.

Hvis vi hadde økonomiske muligheter her på jorden, kunne vi kjøpe et stort stykke jord og bygge et vakkert hus akkurat som vi vil ha det. Men i himmelen kan vi hverken kjøpe noe jord eller bygge noe hus samme hvor rike vi er, fordi Gud gir oss i belønning landet og huset ifølge våre gjerninger.

Matteus' evangeliet 5:5 sier, *"Salige er de saktmodige; for de skal arve jorden."* Avhengig av hvor mye vi ligner Herren og fullfører åndelig fromhet her på jorden, kan vi "arve jorden" i himmelen. Dette er på grunn av at en som er åndelig from kan omfavne alle mennesker, og de kan komme til ham og finne hvile og trøst. Han ville være i fred med alle i enhver situasjon siden hans hjerte er mykt og bløtt akkurat som dun.

Men hvis vi kompromiterer med verdenen og går imot sannheten for å bli fredfull med andre mennesker, er dette ikke åndelig fromhet i det hele tatt. En som virkelig er from kan ikke bare omfavne mange mennesker med et mykt og varmt hjerte, men kan også være tøff og sterk nok til å til og med risikere sitt eget liv for sannheten.

Et slikt menneske kan vinne mange menneskers hjerte og føre dem til frelse og til et bedre sted i himmelen fordi han har kjærlighet og mildhet. Derfor kan han eie et fantastisk hus i himmelen. Derfor tilhører det huset som er beskrevet nedenfor et virkelig fromt menneske.

Et hus som ligner et byhus

På midten av dette huset er det et stort slott dekorert med mange juveler og gull. Dens tak er laget av en rund formet karneol og skinner veldig sterkt. Rundt det skinnende, blanke slottet flyter Elven med Livets Vann som begynner fra Guds trone, og mange byggninger gjør til at dettte ligner en hovedstad. Det er også vogner i fornøyelsesparken som er dekorert med gull og mange juveler.

På den ene siden av det mektige landet er skog, slette, og et stort tjern, og på den andre siden er det vidstrakte åser med mange slags blomster og vannfall. Det er også et hav hvor det flyter et stort cruiseskip rundt omkring akkurat som Titanic.

La oss nå ta oss en tur i dette vakre huset. Det er tolv porter på fire sider, så la oss gå gjennom hovedporten hvor vi kan se hovedslottet i midten.

Hovedporten er dekorert med mange juveler og voktet av to engler. De er maskuline og ser veldig steke ut. De står uten å blinke øynene deres, og deres tilsynelatende selvrespekt får dem til å virke veldig reserverte.

På begge sidene av porten står det runde og vakre store søyler. Veggene som er dekorerte med mange juveler og blomster virker uendelige. Når du kommer inn gjennom porten som åpnes automatisk og er ledet av engler, kan du se slottet i det fjerne med et rødt tak hvor det vakre lys skinner ned på deg.

Mens en også ser på mange huser i forskjellige størrelser som er dekorert med mange juveler, kan du ikke hjelpe med å være dypt rørt av Guds kjærlighet som belønnet deg 30, 60, eller 100 ganger for hva du har gjort og ofret. Du er takknemlig for at Han ga Hans eneste Sønn for å føre deg til frelse og evig liv. På toppen av dette, har Han også laget istand for deg slike vakre himmelske huser, og ditt hjerte vil overflyte med takknemlighet og glede.

Også på grunn av en mild, klar og vakker lyd med lovprisning som kan bli hørt rundt omkring hele slottet, ubeskrivelig fred og lykke overvelder din ånd og du vil bli full av sterke følelser:

Langt borte helt nede i min ånd i kveld
Kommer en melodi søtere enn en salme;
I himmelsk lignende spenninger faller det uavbrutt
Akk min sjel som en endeløs ro.
Fred! Fred! Fantastisk fred
Komme ned fra Faderen ovenpå!
Kaste over min ånd i all evighet, ber jeg,
I bunnløse bølger med kjærlighet.

Gyldne veier så klare som glass

Nå la oss gå til det store slottet i midten, og spasere langsmed den gyldne veien. Komme inn gjennom hovedingangen, trær av gull og juveler med apetittvekkende juvelske frukt ønsker de besøkende på hver side av veien velkommen. De besøkende vil så ta en frukt. Frukten smelter i munnen og er så deilig at hele kroppen bli styrket og gledelig.

På hver side av den gyldne veien, er det blomster i mange farver og størrelser som ønsker gjestene velkommen med deres dufter. Bak dem er det gylden gressbakke og mange slags trær som komplimenterer den vakre haven. Blomster i vakre regnbuens farver ser ut som om de gir ut lys, og hver blomst gir ut sin spesielle duft. På noen av disse blomstene, sitter insekter som sommerfugler i regnbuens farver og prater med hverandre. På trærne henger det mange gode frukter blandt de skinnende grenene og bladene. Mange slags fugler med gyldne farvede fjærer sitter på trærne og synger for å lage scenebilde fredelig og lykkelig. Det er også noen dyr som streifer omkring fredfult.

En skyebil og en gylden vogn

Nå star du ved den andre porten. Huset er så stort at det er en annen port på innsiden av hovedporten. Foran øynene dine er det et stort område som ligner en garasje hvor mange skybiler og en gylden vogn er parkert og du er overveldet av denne utrolige scenen.

Den gyldne vognen, dekorert med store diamanter og juveler er for eieren av dette huset og har et sete. Når vognen flytter på seg, skinner den som et stjerneskudd på grunn av så mange glitrende juveler, og dens hastighet er mye hurtigere en skybilen.

En skybil er omringet av rene hvite skyer og vakre lys i mange farver, og har fire hjul og vinger. Bilen kjører på hjulene på bakken, og når den flyr, vil hjulene automatisk trekkes tilbake og

vingene strekke seg ut slik at den kan kjøre og fly fritt.
Hvor mektig ville ikke fullmakten og æren være ved å reise mange steder i himmelen med Herren i skyebiler, ledsaget av himmelske verter og engler? Hvis en skyebil er gitt til hver person som kommer inn til det nye Jerusalem, kan du forestille deg hvor mye eieren av dette huset har blitt belønnet siden det er mangfoldige skyebiler i hans garasje?

Et stort slott i midten

Når du ankommer det store og vakre slottet i en skyebil, kan du se en tre etasjes bygning med karneol tak. Denne bygningen er så voldsom stor at den ikke kan bli sammenlignet med noen annen bygning her på jorden. Det virker som om hele slottet går sakte rundt, gir ut sterke lys, og slike sterke lys får slottet til å virke som om det er levende. Rent gull og jaspis utgir briljante klare og gjennomsiktige gyldne lys i blålige farver. Men du kan ikke se gjennom det, og det ser ut som en skulptur uten noen skjøter. Veggene og blomstene rundt disse veggene utgir nydelige dufter som er i tillegg til gleden og lykken som ikke kan bli beskrevet med ord. Blomster i forskjellige størrelser lager det store scenebildet, og deres forskjellige former og lukter gir en veldig god kombinasjon.

Hva er så den spesielle grunnen til at Gud har gitt et slikt enormt stort land og et storslagent, vakkert hus? Det er på grunn av at Gud aldri går glipp av noe eller glemmer noe som Hans barn har gjort for Hans kongerike og rettferdigheten her på jorden og belønner dem derfor rikelig.

Jeg jubler over og over igjen
i Min elskede.
Denne elsket Meg så mye
at han ga alt.
Han elsket Meg mere enn
hans foreldre og brødre,
Han sparte ikke hans egne barn,
og han betraktet sitt liv som meningsløst
og oppga det for Meg.

Hans øyne var alltid fokusert på Meg.
Han hørte fullt og fast på Mitt Ord.
Han bare søkte etter Min ære.
Han var selv takknemlig
når Han kom under urettferdig lidelse.
Til og med i midten av forfølgelsene,
ba Han med kjærlighet for
de som forfulgte ham.
Han sviktet aldri noen
selv om han bedro ham.
Han fullførte hans gjerninger med glede
til og med når han hadde uutholdelig sorg.
Og han frelset mange sjeler
og fullførte fullstendig Min vilje,
bærte mitt hjerte.

fordi han fullførte Min vilje
og elsket Meg så mye,
Har jeg laget istand

dette storslagne og vakre huset
i det nye Jerusalem.

2. Et Praktfult Slott Med Fullstendig Uforstyrrethet

Akkurat som du kan se, er det spesielt spor av Gud i husene til de som er høyt elsket av Ham. Så de husene har forskjellige nivåer med skjønnhet og ærens lys, enn andre huser til og med innenfor det nye Jerusalem.

Det store slottet i midten er et sted hvor eieren kan nyte fullstendig uforstyrrethet. Det er for å erstatte hans arbeide og hans bønner med tårer fordi han fullførte Guds kongerike, og siden han passet på sjelene dag og natt uten å nyte noe som helst privatliv.

Den generelle oppsettelsen av hans slott har hans hovedhus i midten av slottet, og slottet har to lag med vegger. Det er en vegg til i midten delvis mellom hovedhuset som ligger i midten og ytterveggen. Så hele slottet blir delt opp i det indre slottet og det ytre slottet, som er fra hovedhuset til veggen i midten og så til den ytre veggen.

For å så kunne nå hovedhuset i slottet hans, må vi gå gjennom hovedporten og så gjennom en annen port i den midtre veggen. Den ytre veggen har mange porter, og porten som ligger på samme linje som fronten av hovedhuset er hoved porten. Hovedporten er dekorert med forskjellige edelsteiner og to engler rundt som beskytter den. De to englene har maskuline ansikter og de ser veldig sterke ut. De flytter ikke engang øynene deres mens de vokter, og vi kan føle deres verdighet fra dem.

På hver side av hoved porten står store runde søyler. Veggen er dekorert med juveler og blomster, og den er så lang at du ikke kan se enden på den. Idet vi blir ledet av engler vil vi gå inn gjennom hovedporten som åpner seg automatisk, og sterke og vakre lys vil skinne ned på oss. Og der er det en gylden vei som er i likhet med krystaller som strekker seg ut imot hoved porten.

Idet vi spaserer på den gylne veien, vil vi nå den andre porten. Denne porten er i veggen i midten som skiller det indre slottet og det ytre slottet. Idet vi passerer den andre porten, finnes det et sted akkurat som en kjempestor parkeringsplass her på jorden. Her kan en finne mangfoldige skye liknende biler parkert. Her er også den gylne vognen blant de skye liknende bilene.

Hoved huset i dette slottet er større enn noen bygning her på jorden. Det er en tre etasjes bygning. Hver etasje i bygningen har en rund form, og området på hvert etasje blir mindre idet du går fra etasje til etasje. Taket har en form som en kuppel av løk.

Veggene i hoved huset er laget av rent gull og jaspis. Så det blålige lyset og det klare og gjennomsiktige gylne lyset gir et utrolig harmonisk lys. Lyset er så sterkt at det føles som om selve huset lever og flytter på seg. Hele bygningen gir et utrolig skinnende lys og det ser ut som om det sakte går rundt.

La oss nå gå inn i dette slottet!

Tolv porter å gå igjennom for å komme til hovedhuset.

Hovedhuset har tolv porter som en må gå igjennom for å komme inn. På grunn av at hovedhuset er så stort, vil distansen fra port til port bli ganske lang. Portene har en bue form, og hver av dem har en gravering med et bilde av en nøkkel. Under bilde av nøkkelen er navnet på porten skrevet inn med det himmelske alfabetet. Disse bokstavene blir skrevet med juveler, og hver av portene er henholdsvis dekorert med en slags juvel.

Under dem ligger forklaringene om hvorfor hver port har dens navn. Gud Faderen har samlet på det som eieren av dette huset har gjort her på jorden og gir uttrykk for det på de tolv portene.

Den første porten er 'Frelsens Port.' Det har en forklaring om hvordan dens eier ble en hyrde av så mange mennesker og ledet mangfoldige sjeler til frelse omkring hele verden. Rett ved siden av Frelsens Port er 'Porten til det Nye Jerusalem.' Under navnet på porten ligger forklaringen på hvordan eieren ledet så mange sjeler inn til det Nye Jerusalem.

Etterpå kommer 'Maktens Port.' Først finnes det fire porter for de fire nivåene med makt, og så er det Porten til Skapelsens Makt og Porten til den Høyeste Makten til Skapelsen. På disse portene kan en finne forklaringen om hvordan hver slags makt kan helbrede så mange mennesker og lovprise Gud.

Den niende er 'Avslørelsens Port,' og denne porten har forklaringen på at eieren mottok veldig mye avsløring og forklaring på Bibelen veldig klart og tydelig. Den tiende er 'Prestasjonens Port.' Denne er for å markere prestasjoner som oppbyggelsen av det Mektige Sanktuarium.

Den ellevte er 'Bønnenes Port.' Denne porten forteller oss om hvordan dens eier ba med hele hans liv for å fullføre Guds vilje gjennom hans kjærlighet overfor Gud, og hvordan han sørget og ba for sjelene.

Den siste av de tolv er en port med meningen 'Å seire over fiende djevelen, Satan.' Det har forklaringen om at eieren seiret over alt gjennom troen og kjærlighet når fiende djevelen, Satan prøvde å skade ham og sette ham inn i fortvilende situasjoner.

Spesielle inngraveringer og tegninger på veggene

Veggene som er laget av rent gull og jaspis, er fulle av mønster med reflekterende skrifter og tegninger. Hver detalje om forfølgelsene og bespottelsene som han kom opp mot på grunn av Guds kongerike, og alle gjerningene hvor han æret Herren er skrevet ned. Hva som er mere utrolig er at Selve Gud inngraverte skriftene i dikt, og bokstavene utgir vakre og briljante lys.

Hvis du kommer inn i slottet etter at du har gått igjennom en av disse portene, ser du ting som er mye vakrere enn det du har sett på utsiden. Lysene fra juvelene overlapper to eller tre ganger for å la det se veldig vakkert ut.

Inngraveringene om eierens tårer, anstrengelsene, og innsatsen deres her på jorden er også gravert på veggen innenfor og de utgir veldig briljante lys. Før i tiden hvor han hadde hans alvorlige overnattingsbønner for Gud kongerike og aromaen med å gi seg selv som et drikke offer for sjelene er skrevet ned som et dikt og gir fra seg skjønne lys.

Men Gud Faderen har gjemt de fleste detaljene av

inngraveringene slik at Gud Selv kan vise det til eieren når han kommer til stedet sitt. Dette er så Gud kan motta hans hjerte som ærer Faderen med dype følelser og tårer når Han viser de skriftene til ham, og forteller ham, "Jeg har laget istand disse for deg."

Selv her i denne verden, er det noen mennesker som hele tiden skriver ned navnet på en person som de elsker. De skriver navnet ned på en notat eller i dagbøker, på stranden, eller til og med ned på trærne eller hogget inn i steiner. De vet ikke hvordan de kan uttrykke deres kjærlighet, så de vil bare fortsette med å skrive ned navnet på den personen som de er glad i.

På en lignende måte, finnes det et firkantet gyldent skilt som bare har tre ord. De tre ordene er: 'Far', 'Herre', og 'Meg.' Eieren i huset kunne ikke bare gi uttrykk for hans Fars kjærlighet og Herrens gjennom ord. Det viser hans hjerte på denne måten.

Møter og festmiddager på første etasjen

Dette slottet er ikke åpent til andre meste parten av tiden, men er åpent noen ganger når det er festmiddager eller ball tilstelninger her. Det er en veldig stor gang hvor mangfoldige mennesker kan komme sammen og ha festmiddager. Det er også brukt som et møtested hvor eieren deler kjærlighet og glede, og har samtaler med gjestene.

Gangen er så stor at du ikke kan se fra den ene enden til den andre. Gulvet er laget av en hvitaktig farve og er veldig glatt. Den har mange juveler og skinner briljantly. I midten av gangen er det en tre etasjes lysekrone som bidrar til rommets verdighet, og det er flere gyldne lysekroner i forskjellige størrelser på siden av veggene som også bidrar til skjønnheten av gangen. I midten av gangen er det også en rund scene, og mange bord er satt i mange lag rundt omkring scenen. De som er inviterte tar deres plasser i orden og engasjerer seg i vennlige samtaler.

Alle dekorasjonene på innsiden av bygningen er laget ifølge smaken til eieren, og deres lys og former er veldig vakre og delikate. Hver juvel inne i den har Guds forbindelse, og det er slik en ære å bli invitert til denne festmiddagen som er holdt av eieren av dette huset.

Hemmelige rom og selskapslokaler i andre etasje

På annen etasje i dette store slottet, er det mange rom, og hvert av dem har en hemmelighet som bare blir fullstendig avslørt i himmelen, som Gud gir i belønning ifølge eierens gjerninger. Et visst rom har mangfoldige forskjellige kroner, til en viss grad likt et mueseum. Mange kroner blant annet en gylden krone, en gull dekorert krone, en krystall krone, en perle krone, en blomster dekorert krone, og mange andre kroner pyntet med mange slags juveler er nøye plassert. Disse kronene er gitt i belønning hver gang eieren fullfører Gud kongerike og gir Ham ære her på jorden, og deres størrelser og former, og materiale og dekorasjoner er alle forskjellige for å vise forskjellen på æren. Det er også store rom som er skaper for klærne og for å beskytte juvel dekorasjonene, og de er oppbevart med spesiell omsorg av englene.

Det er også et velstelt firkantet rom med mange dekorasjoner som heter "Bønnenes Rom." Det er gitt på grunn av at eieren har gitt mange bønner her på jorden. Det er også et rom med mange fjernsyns set. Rommet heter "Rommet med Smerten og Sorgen" og her kan eieren se alle tingene om hans jordiske liv når han vil. Gud har spart på hvert eneste øyeblikk og begivenhet av eierens liv fordi han led forferdelig mye mens han gjorde Guds arbeide og preste tjeneste og gråt mye for sjelene.

Det er også et vakkert dekorert sted som mottar profeter i annen etasje, hvor eieren kan dele sin kjærlighet og ha vennlige samtaler med dem. Han kan møte slike profeter som Elias som dro opp til himmelen på en stridsvogn og forferdelige raske hester, Enok som spaserte med Gud i 300 år, Abraham som tilfredstilte Gud med sin tro, Moses som var mere ærbødig enn noe annet menneske her på jorden, den veldig lidenskapelige apostelen Paulus, og resten av dem, og nyte samtalene med dem om deres liv og forhold på jorden.

Tredje etasjen er reservert for å dele Herrens kjærlighet

Slottets tredje etasje er dekorert så vakkert for å motta Herren og ha skjønne samtaler så lenge og så mye som mulig. Dette er gitt på grunn av at eieren elsket Gud mer enn noe annet, og prøvde å ligne Hans gjerninger ved å lese de Fire Evangeliene, og tjente og elsket alle akkurat som Herren hadde tjent Han disipler. Dessuten ba han med så mange tårer og førte mangfoldige sjeler til frelsen ved å motta Guds makt akkurat som Herren hadde og viste talløse bevis på den levende Gud. Tårer randt ned når han tenkte på Herren, og mange netter kunne han ikke sove fordi han virkelig savnet Herren. Også akkurat som Herren som ba hele natten, ba eieren hele natten så mange ganger og prøvde hans beste for å fullstendig fullføre Guds kongerike.

Hvor strålende og lykkelig han ville bli når han møtte Herren ansikt til ansikt og delte sin kjærlighet med Ham i det nye Jerusalem!

Jeg kan se min Herre!
Jeg kan se lyset i øynene Hans
i mine egne,
Jeg kan sette Hans blide smil i mitt hjerte,
og alt dette er slik en utrolig glede for meg.

Min Herre,
hvor mye jeg elsker Deg!
Du har sett alt
og du vet alt.
Nå gir jeg stor glede
med å kunne tilstå min kjærlighet.
Jeg elsker Deg, Herre.
Jeg har savnet deg så mye.

Samtaler med Herren vil aldri bli kjedelige eller trettende.

Gud Fader som mottok denne kjærligheten, dekorerte interiøret, pyntegjenstandene, og juvelene så vakkert på tredje etasjen av dette storslagne huset. Detaljene og prakten kan ikke bli beskrevet, og lysets nivå er veldig spesielt. På samme måte kan du føle rettferdigheten og den delikate kjærligheten til Gud som belønnet deg ifølge dine gjerninger bare ved å se rundt omkring på husene i himmelen.

3. Sightseeing Steder i Himmelen

Hva annet er det rundt det store slottet? Hvis du prøver å beskrive dette by-aktige huset i den minste detalje, vil det bli mere enn nok til å skrive en bok. Rundt slottet er det en stor have og mange slags bygninger som er vakkert dekorert og som står i overensstemmelse. Slike anlegg som et svømmebasseng, en fornøyelsespark, hytter, og et opera hus gjør dette huset til et stort turist sted.

Gud belønner alt ifølge ens gjerninger

Grunnen til at eieren kan ha et slikt hus med så mange anlegg er på grunn av at han ga hele sin kropp, sinn, tid, og penger til Gud her på jorden. Gud belønner alt som han gjorde for Guds kongerike, inkludert å føre mangfoldige sjeler frelsens vei og bygge Guds kirke. Gud kan gi oss ikke bare hva vi spør om, men også hva vi ønsker fra våre hjerter. Vi ser at Gud kan lage noe mye mere perfekt og vakkert enn noen utmerket arkitekt eller by planlegger her på jorden, og vise sammholdet og ulikheten samtidig.

Her på jorden kan vi ha alt det vi vil, mesteparten av tiden, hvis vi har nok penger. Men i himmelen er dette ikke mulig. Et hus som du bor i, klær, juveler, kroner, eller til og med tjeneste englene kan ikke bli kjøpt eller hyret, men er bare gitt ifølge målingen av deres tro og hans trofasthet til Guds kongerike.

Som vi finner i brevet til hebreerne 8:5, *"De som tjener ved et avbillede og en skygge av det himmelske, etter den forskrift som Moses fikk da han skulle gjøre tabernaklet,"* denne verdenen er en skygge av himmelen og de fleste av dyrene, plantene, og resten av naturen som også er funnet i himmelen. De er mye vakrere enn de fra jorden.

La oss nå utforske havene som er fyllt med så mange blomster og planter.

Bede steder og det Mektige Sanktuarium

Midt i slottet finnes det en veldig stor indre gårdsplass hvor mange blomster og trær skaper et virkelig vakkert landskap. På hver side av slottet er det store bede steder hvor mennesker kan fra tid til annen lovprise Gud gjennom ære. Dette himmelske huset som er helt utrolig stort, er som en berømt turist attraksjon med veldig mange anlegg, og siden det vil ta folk lang tid å se seg om i hele huste, finnes det bede steder hvor en kan hvile seg.

Å be i himmelen er fullstendig annerledes enn det vi er vant til her på jorden. Vi er ikke bundet til formaliteter, men kan lovprise Gud med nye sanger. Hvis vi lovpriser Faderen og vår kjærlighet for Herren, da vil vi bli fornyet idet vi fullstendig mottar den Hellige Ånd. Da vil vi ha dypere følelser i vårt hjerte og vi vil bli fylt med tanker og glede.

I tillegg til disse sanktuarium, har dette slottet en bygning som har nøyaktig den samme formen som et visst sanktuarium som før eksisterte her på jorden. Mens han var her på jorden, hadde eieren av dette slottet mottatt en oppgave fra Gud faderen om å bygge et veldig stort og mektig sanktuarium, og det samme sanktuarium ble også bygd i det Nye Jerusalem.

I stor likhet med David i det Gamle Testamentet, lengtet også eieren av dette slottet etter Guds Tempel. Det finnes mange bygninger i verden, men det finnes ikke en bygning som virkelig viser verdigheten og æren til Gud. Han var alltid lei seg for dette.

Han hadde en slik stor lidenskap om å bygge et sanktuarium som bare er for Gud Skaperen. Gud Faderen aksepterte dette lengtende hjerte og forklarte veldig detaljert til ham om form, størrelse, dekorasjoner, og til og med de innvendige strukturene av sanktuariet. Det var bare umulig for menneskelige tanker, men han handlet bare ifølge troen, håp, og kjærligheten; og til slutt ble det Mektige Sanktuarium bygget.

Det Mektige Sanktuarium er ikke bare en bygning som er stor og praktfull. Det er selve energiens tårete krystalloid til de troende som virkelig elsket Gud. For at dette sanktuarium kunne bli bygget, måtte de verdslige skattene bli utnyttet. Hjertet til landets konge måtte bli rørt. Og for å gjøre dette ville en trenge Guds mektigste arbeider som går langt utenom menneskenes fantasi.

Eieren av dette slottet kunne håndtere slike vanskelige åndelige kamper på egen hånd for å kunne motta en slik makt. Han hadde tro på Gud som gjorde umulige ting mulig bare gjennom godhet, kjærlighet, og lydighet. Han ba hele tiden, og bygget på grunn av dette det Mektige Sanktuarium som Gud lykkelig aksepterte.

Siden Gud Faderen kjente til alle disse fakta, bygde han også en reproduksjon av dette Mektige Sanktuarium i slottet til denne personen. Det Mektige Sanktuarium i himmelen er selvfølgelig bygget av gull og juveler som er vakrere enn alle materielle ting her på jorden uten noen som helst sammenligning, men formen er den samme.

Forestilling sal akkurat som Sydney Opera Hus

I dette slottet finnes det en forestillings sal som likner Opera Huset i Sydney, Australia. Det er en grunn til at Gud Faderen bygger en slik forestillings sal inne i dette slottet. Når eieren av dette slottet var her på jorden, organiserte han mange forestillings grupper ved å forstå Guds hjerte som elsker å bli lovprist. Og han lovpriste Gud faderen høyt gjennom vakre og elskverdige kristelige kunstnere.

Det var ikke bare deres utvendige, dyktigheten deres, og deres teknikk som gjaldt. Han ledet kunstnerne på en åndelig måte slik at de kunne lovprise Gud med en virkelig kjærlighet fra dypt inne i deres hjerte. Han oppdro mange kunstnere som kunne ofre den lovprisning til Gud som Han virkelig kunne akseptere. For dette har Gud Faderen bygd en vakker forestillings sal slik at disse kunstnere kunne fritt demonstrere deres dyktigheter så mye de ville her i dette slottet.

Et stort tjern ligger foran denne bygningen, og det kan virke som om bygningen flyter på vannet. Når vann fontenene skyter vann opp ifra tjernet, vil vann dråper falle og lyse opp som juveler. Forestillings salen har en stor scene som er dekorert med mange slags juveler, og også mange stoler som venter på publikum. Her vil engler opptre i vakre kostymer.

Disse engler som fremfører vil danse i kjoler som lyser av skinnende gjennomsiktige juveler, akkurat som vingene til øyestikkere. Alle deres bevegelser er helt feilfrie og vakre. Det finnes også engler som synger og spiller musikk instrumenter. De spiller slike vakre og søte melodier med sofistikerte evner og teknikk.

Men selv om evnene til engler er veldig gode, er aromaen fra lovprisningen og dansingen veldig annerledes enn det fra Guds barn. Guds barn har dyp kjærlighet og takknemlighet for Gud helt inne i deres hjerte. Fra hjerte som ble gjort vakkert gjennom menneskenes kultivering, kommer aromaen som kan røre Gud Faderen.

De av Guds barn som har oppgaven med å lovprise Gud her på jorden vil også ha mange sjanser om å ære Gud med deres lovprisninger i himmelen. Hvis en leder som lovpriser kommer inn til det Nye Jerusalem, kan han/henne forevise i denne forestillings salen som likner på Opera Huset. Og forevisningen som blir gjort på dette stedet er noen ganger gjort over levende kringkasting til alle oppholdsstedene i det himmelske kongerike. Så å derfor stå på scenen i denne salen bare en eneste gang vil være en stor ære.

En skyebro i regnbuens farver

Elven med Livets Vann skinnende med sølv lysene flyter gjennom hele slottet akkurat som det omringer slottet. Det kommer fra Guds trone og flyter rundt slottene til Herren og den Hellige Ånd, det nye Jerusalem, det Tredje, Andre, Første Kongerike i Himmelen, Paradiset, og kommer tilbake til Guds trone.

Menneskene prater med fiskene av alle mulige vakre farver mens de sitter på gull og sølv sanden på hver side av Elven med Livets Vann. Det er gyldne benker på hver side av Elven, og rundt dem er livets trær. Sittende på de gyldne benkene og se på de apetittvekkende fruktene, mens du bare tenker, 'Akk, de fruktene

"Jeg Så den Hellige Byen, det Nye Jerusalem"

ser så deilige ut.' Englene vil komme med frukt i en blomsterkurv og rekke dem til deg høflig.

Det er også vakre, bue formede skyebroer rundt Elven med Livets Vann. Når du spaserer på skyebroen med regnbuens farver og ser ut over Elven som flyter sakte under deg, føler du deg like vidumderlig som om du fløy i skyene eller spaserte på vannet.

Når du krysser Elven med Livets Vann, er det en have utenfor med mange slags blomster og en gylden plen, og her føler du litt forskjell fra måten du følte deg på i haven innenfor.

En fornøyelsespark og en blomstergate

Det er en fornøyelsespark som har mange slags kjøretøyer som du aldri før har sett, hørt om, eller forestilt deg, når du krysser skyebroen. Selv de beste fornøyelsesparkene her i verden som for eksempel Disneyland kan ikke bli sammenlignet med denne fornøyelsesparken. Tog som er laget av krystall kjører rundt parken, et kjøretøy med sjørøver skips stil som er laget av gull og mange juveler flytter seg frem og tilbake, en karusell kjører rundt med en munter rytme, og en stor berg-og-dal-bane kjører de betagende rytterne. Når disse kjøretøyene som er dekorerte med mange juveler kjører, gir de fra seg mangfoldige lag med lys, og bare ved å være der blir du overmannet av sinnsstemning på festivalen.

På den ene siden av den ytre gårdsplassen, er det en endesløs blomstervei, og hele veien er dekket med blomster slik at du kan spasere på selve blomstene. Den himmelske kroppen er så lett at du ikke kan føle vekten, og blomstene er ikke trampet ned selv om du spaserer på dem. Når du spaserer på den vide blomsterveien og kjenner lukten av slike svake dufter av blomstene, lukker blomstene deres kronblader som om de var sjenerte og lager en bølge når de åpner kronbladene vidt og bredt. Dette er en spesiell velkomst og hilsen. I eventyr, har blomstene deres egne ansikter og kan ha samtaler, og det er det samme i himmelen.

Du vil bli fullstendig fyllt med glede ved å spasere på blomstene og nyte deres aroma, og blomstene føler glede og gir deres takknemlighet til deg for at du spaserer på dem. Når du går lett på dem, gir de til og med ut mere dufter. Hver blomst har en forskjellig duft og duftene er blandet forskjellig hver gang, slik at du kan ha en ny følelse hver gang du spaserer. Blomsterveiene strekker seg ut både her og der akkurat som et vakkert maleri for å bidra til skjønnheten til dette himmelske huset. På samme måte er den ene personens hus enorm og virker uendelig, og inneholder alle slags byggninger.

En stor slette hvor dyr leker fredfyllt

Over blomsterveien er det en stor, bred slette og mange slags dyr som du også kan se her på jorden. Selvfølgelig kan du se mange andre dyr på andre steder, men det er nesten alle slags dyr her, untatt de som stod opp mot Gud, som for eksempel drager. Landskapsbilde som du ser foran deg minner deg om en vidstrakte Savanne i Afrika, og disse dyrene forlater ikke deres område selv om det ikke er noe gjerde, og boltret seg fritt rundt omkring. De er større enn dyrene her på jorden og har klarere farver som skinner skarpere. Jungelens lov gjelder ikke for dem.

Alle dyrene er snille; til og med løvene som er kalt dyrenes konge er ikke agressive i det hele tatt, men er veldig snille og deres gyldne pels er veldig vakker. I himmelen kan du også snakke fritt med dyrene. Forestill deg at du nyter skjønnheten med den storslagne naturen når du springer på den vidstrakte sletten og rir løver eller elefanter. Dette er ikke bare noe du kan finne i eventyr, men en rettighet som er gitt til de som er frelst og som behersker himmelen.

En privat hytte og en gylden stol til å hvile i

Siden denne personens hus er akkurat som en stor turist attraksjon i himmelen hvor mange kan nyte den, ga Gud eieren ham en hytte spesielt for hans personlige bruk. Denne hytten er plassert på en liten bakke med en vakker utsikt og har vakre dekorasjoner. Ikke alle kan komme til denne hytten på grunn av at det bare er for privat bruk. Eieren hviler der selv og bruker den til å motta profeter som Elias, Enok, Abraham, og Moses.

Det er også en annen hytte som er laget av krystall, og, i motsetning til andre byggninger, er det veldig klart og gjennomsiktig. Allikevel kan du ikke se innsiden utenfra og inngangen er forbudt område. På taket av denne krystall hytten, er det en roterende stol. Når eieren sitter der, kan han se hele huset med én gang utenfor tid og sted. Gud har laget det spesielt for eieren slik at han kan føle gleden av å se så mange mennesker besøke hans hus, eller simpelthen for å hvile.

En haug med erindringer og en vei med forventninger

Veien med forventninger, hvor livets trær står på hver side, er like stille som om tiden har stoppet. Når eieren tar et steg, kommer fred utfra bunnen av hans hjerte, og han er minnet om tingene her på jorden. Hvis han tenker på solen, månen, og stjernene, et rundt lag som et filter er satt opp over hans hode, og solen, månen, og stjernene kommer til syne. I himmelen er ikke solens lys, månen og stjernene nødvendige fordi hele stedet er omringet av Guds æres lys, men laget er alene gitt til ham for å minne han om tingene her på jorden.

Det er også et sted som heter haugen med erindringer, og den danner en stor landsby. Dette er hvor eieren kan trekke tilbake sitt liv her på jorden, og dens rester er samlet sammen. Huset som han var født i, skolen som han gikk på, små og store byer som han bodde i, stedene hvor han kom opp mot prøvene, stedet hvor han møtte Gud for første gang, og det sanktuarium som han bygde etter at han ble en prest er alle laget her i kronologisk rekkefølge.

Selv om materialene tydelig er forskjellig fra de her på denne jorden, tingene fra hans jordiske liv er kopiert helt nøyaktig slik at menneskene kan føle anelsen av hans jordiske liv klart og tydelig. Hvor vidunderlig er ikke Guds milde og delikate kjærlighet!

Foss og et hav med øyer

Ettersom du fortsetter med å spasere på veien av forventninger, kan du høre en høy og klar lyd i det fjerne. Det er lyden som kommer fra fossen med så mange farver. Når fossen sprøyter vann, skinner vakre juveler fra bunnen av fossen veldig vakre lys. Dette er slikt et vakkert landskapsbilde å se slik en stor foss falle ned tre etasjer fra toppen og som så flyter inn til Elven med Livets Vann. Det er juveler som skinner doble eller tredoble lys på begge sider av fossen, og de utgir noen utrolige lys sammen med vann spruten. Du kan føle deg forfrisket og styrket bare ved å se på det.

Det er også en paviljong på toppen av fossen hvor folk kan se den store utsikten eller hvile. Du kan se hele det himmelske huset, og utsikten er så praktfull og vakker at det ikke kan bli skikkelig beskrevet med ord fra denne jorden.

Det er et stort hav bak slottet, og det er øyer i forskjellige størrelser i den. Det flekkefrie og klare sjøvannet skinner som om det var strødd juveler på vannet. Det er også veldig vakkert å se fiskene svømme i den klare sjøen, og til ens overraskelse, vakre huser i jadegrønn farve er bygget under sjøen. Her på jorden kan selv det rikeste menneske ikke ha et hus under havet.

Men siden himmelen er i den fire dimensjonelle verdenen hvor alt er mulig, er det utallige ting som vi ikke kan forstå eller forestille at eksisterer.

Et formektig stort cruiseskip som Titanic og en krystall båt

Øyene på havet har mange slags villblomster, sangfugler, og kostbare stener som utfyller den vakre naturen. Her er kano eller surfe konkurranser holdt for å tiltrekke mange himmelske innbyggere. Det er et skip som Titanic på den svake bølgede sjøen, og skipet har mange slags anlegg som svømmebasseng, teater, og spisesaler. Hvis du er på det gjennomsiktige skipet som er totalt laget av krystall, føler du det som om du spaserer på vannet, og du kan føle skjønnheten inne i havet i en ubåt med formen til en rugby ball.

Hvor gøy ville det ikke være å kunne være på et skip som Titanic, en krystall båt, eller en ubåt med en form som en rugby ball på dette vakre stedet og tilbringe så mye som en dag. Men siden himmelen er et evig sted, kan du nyte alle disse tingene i all evighet bare hvis du har kvalifikasjonene til å komme inn til det nye Jerusalem.

Mange idretter, fritidssteder

Det er også idretts og fritidssteder som golf baner, bowlingbaner, svømmebasseng, tennis baner, volleyball baner, basketball baner, og så videre. Disse blir gitt som belønning fordi eieren kunne ha nytet disse idrettene her på jorden, men gjorde det ikke på grunn av Guds kongerike, og oppbrukte all Hans tid bare på Ham.

På bowlingbanen, som bare er laget av gull og juveler i en bowling pinne format, ballen og pinnene er alle laget av gull og juveler. Mennesker leker i grupper av tre til fem, og de har en hyggelig tid sammen ved å oppmuntre hverandre. Det virker ikke som ballen veier mye, i motsetning til de her på jorden, så den vil rulle fort ned bakgaten selv om du bare gir den et lett dytt. Når den treffer pinnene, kommer det ut briljante lys sammen med en klar og vakker lyd.

På golfbanen som er bygget på en gylden gressplen, legger gresset seg ned automatisk for at ballen kan rulle når en spiller. Når gressplenen legger seg ned akkurat som dominobrikker, ser det ut som en gylden bølge. I det nye Jerusalem, adlyder til og med gressplenen hjertet til dens herre. Etter at en har puttet, kommer et skye stykke ved siden av føttene og flytter dens herre til en annen bane. Hvor utrolig og vidunderlig er ikke dette! Mennesker har også veldig mye moro i svømmebassenget. Siden ingen drunker i himmelen, kan selv de som ikke kunne svømme her på jorden svømme veldig godt i himmelen. Dessuten gjennombløter vannet ikke klærne, men det ruller av akkurat som dugg på et blad. Mennesker kan nyte svømming akkurat når de vil, fordi de kan svømme med klærne på.

Tjern i mange størrelser og fontener i havene

Det er mange tjern i forskjellige størrelser i det store brede himmelske huset. Når fisker i mange farver i tjernene flagrer med deres halefinner som om de danset for å glede Guds barn, ser det ut som om de tilstår deres kjærlighet ut høyt. Du kan også se fisk som forandrer deres farver. En fisk som flagrer dens sølv farvede finner kan plutselig forandre dens farve til perle.

Det er mangfoldige haver, og hver have har et forskjellig navn ifølge dens enestående skjønnhet og egenskaper. Skjønnheten kan ikke bli transportert effektivt fordi det er Guds berøring selv på et blad.

Fontenene er også forskjellige ifølge egenskapene til hver have. Vanligvis skyter vannet opp i fontenene, men det er fontener som utgir mange vakre farver eller dufter. Det er nye og kostbare dufter som du ikke kan erfare her på jorden, som for eksempel aromaen av slitestyrken som du føler fra en perle, duften av anstrengelsen og lidenskapen av karneol, aromaen til selvoppofrelse eller trofasthet, og mange flere. I midten av fontenen som spruter opp, er det skrivelser eller tegninger som forklarer meningene med hver fontene og hvorfor den har blitt laget.

Videre, er det mange byggninger og spesielle steder i det slott lignende huset, men det er så synd at alle de anleggene ikke kan bli forklart i detaljer. Hva som er viktig er at ikke noe er gitt uten grunn, men alt er bare belønnet ifølge hvor mye en har arbeidet for kongerike og rettferdigheten til Gud her på jorden.

Stor er din belønning i himmelen

Inntil nå må du ha insett at dette himmelske huset er altfor stort og betydningsfult til å forestille seg. Det store slottet med fullstendig privatliv er bygget i midten, og det er mange andre bygninger og anlegg i tilleg til store haver som omringer det; dette huset er som et turist sted i himmelen. Du kan kanskje ikke hjelpe med å bli overrasket siden dette huset av utrolig størrelse er laget av Gud for bare en person oppdratt her på jorden.

Hva er så grunnen til at Gud har laget et himmelsk hus som er like stort som en stor by? La oss se på Matteus' evangeliet 5:11-12:

> *Salige er dere nå de spotter og forfølger dere og lyver dere allehånde ondt på for Min skyld. Gled og fryd dere! For deres lønn er stor i himmelen; for således forfulgte de profetene før dere.*

Hvor mye led apostelen Paulus ved å fullføre Guds kongerike? Han led av ubeskrivelige vanskeligheter og forfølgelser da han forkynnet om Frelseren Jesus til Hedningene. Vi kan se at han arbeidet veldig hardt for Guds kongerike fra Paulus' andre brev til korintierne 11:23 og videre. Paulus var fengslet, slått, og i fare for døden mange ganger mens han forkynnet evangeliet.

Men Paulus var aldri misfornøyd eller beklaget seg, men frydet seg og var glad akkurat som Guds Ord befalte ham. Når alt kommer til alt ble døren til verdens misjonen for Hedningene åpnet gjennom Paulus. Derfor kom han naturligvis inn i det nye Jerusalem hvor han hadde æren som skinte akkurat som solen i det nye Jerusalem.

Gud elsker veldig høyt de som arbeider hardt og er trofaste selv når de ofrer deres liv, og velsigner og belønner dem med så mange ting i himmelen.

Byen det nye Jerusalem er ikke reservert for noen spesiell person, men alle som rettferdiggjør hans hjerte til å ligne Guds eget hjerte og fullfører hans gjerninger lidenskapelig kan komme inn dit og leve der.

Jeg ber i Herren Jesus Kristus navn at du vil ligne Guds hjerte gjennom lidenskapelige bønner og Guds Ord, og fullfører dine gjerninger fullstendig slik at du kan komme inn til det nye Jerusalem og gråtende tilstå ovenfor ham, "Jeg er så takknemlig for Faderens store kjærlighet."

9. kapittel

Den Første Festmiddagen i det Nye Jerusalem

1. Den Første Festmiddagen i det Nye Jerusalem
2. Profetene i Himmelen som var i Gruppens Første Rekke
3. Vakre Kvinner i Guds øyne
4. Marie Magdalena Holder Seg Nærme Guds Trone

> *"Derfor, den som bryter et eneste av disse minste bud og lærer menneskene således, han skal kalles den minste i himlenes rike; men den som holder dem og lærer andre dem, han skal kalles stor i himlenes rike."*
>
> - Matteus' evangeliet 5:19 -

Den hellige Byen i det nye Jerusalem huser Guds trone og, blandt mangfoldige mennesker som er oppdratte her på jorden, de som har klare og vakre hjerter akkurat som krystall bor der i all evighet. Livet i det nye Jerusalem med Gud Treenigheten er full av utenkelig kjærlighet, sterke følelser, glede, og lykke. Mennesker nyter en uendelig lykke når de deltar i gudstjenester og festmiddager, og har kjærlige samtaler med hverandre.

Hvis du deltar på en festmiddag i det nye Jerusalem som er holdt av Selve Gud Herren, kan du se forestillingene og dele kjærligheten med utallige mange mennesker fra forskjellige bosteder i hmmelen.

Gud Treenigheten, som gjorde ferdig den menneskelige oppdragelsen med lang utholdenhet, fryder seg og føler seg lykkelig når Han ser på sine elskede barn.

Kjærlghetens Gud har åpenbart det for meg i detaljer i det nye Jerusalem som er full av sterke følelser utenom forstand. Grunnen til at jeg kunne overvinne ondskapen med godhet og elske fienden selv når jeg led uten noen grunn, er fordi mitt hjerte er fyllt med håp for det nye Jerusalem.

La oss nå forske i hvor velsignet det er å "ligne Guds hjerte" som er like klart og vakkert som krystall med en scene fra den første festmiddagen som skulle bli holdt i det nye Jerusalem som et eksempel.

Jeg håper at du kan føle den dype følelsen og lykken når du leser om hvordan den første festmiddagen i Byen det nye Jerusalem vil bli holdt.

1. Den Første Festmiddagen i det Nye Jerusalem

Akkurat som her på jorden, er det festmiddager i himmelen, og gjennom disse kan vi forstå lykken av det himmelske livet ganske godt. Det er på grunn av at det er ærede steder hvor vi kan se rikdommen og skjønnheten av himmelen med én gang og nyte dem. Akkurat som menneskene her på jorden pynter seg med de vakreste tingene, og spiser, drikker og nyter de beste måltidene på festmiddagen som er holdt av en president fra et eller annet land, når en festmiddag blir holdt i himmelen, er den fyllt med vakker dans og sang, og lykke.

En vakker forkynnelse av ære kommende fra salen

Spisehallen i det nye Jerusalem er veldig enorm og storslagen. Hvis du passerer en inngang og kommer inn til et rom hvor du ikke kan se den andre enden, en vakker lyd av himmelsk musikk kommer i tillegg til den sterke følelsen som en allerede har erfart.

Lyset som har vært her siden tidens
begynnelse er vidunderlig.
Han skinner alt
med det originale lyset.
Han fødte Sine Sønner
og laget englene.

Hans ære ligger høyt
over himmelen og jorden

og er storslagent.
Vakker er Hans grav
som Han alene utstrakte.
Han utstrekte Sitt hjerte
og skapte jorden.
Ære være Hans store kjærlighet med små lepper.
Ære være Herren
som mottar æren og jubler.
Løft Hans hellige navn
og velsign Ham i all evighet.
Hans lys er vidunderlig
og vært å ære.

Den klare og elegante lyden av musikk smelter inn i ånden for å gi begeistring og fred som et spedbarn har i morens barm.

Den store porten til spisehallen med farven av hvite edelstener er pyntet med himmelske blomster i mange fasonger og farver og har inngravert et nydelig mønster. Du kan se at Gud Faderen har laget istand slik en liten thing i den minste detalje i Hans delikate kjærlighet for Hans barn på hvert hjørne av Byen det nye Jerusalem.

Passere porten med farven til de hvite edelstenene

Manfoldige mennesker går på rad og rekke inn gjennom den store, vakre porten til spisehallen, og de som bor i det nye Jerusalem kommer først inn. De har på seg gyldne kroner som er høyere enn kronene til andre bosteder og utgir svake, vakre lys. Mennesker har på seg hvite helskinnende drakter som skinner av sterke og briljante lys. Dens tekstil er like lett og mykt som silke, og det blåser frem og tilbake.

Drakten som er dekorert med gull eller mange slags juveler, har skinnende juvelske broderier på nakken og armene, og ifølge ens belønning er type juveler og mønstrene forskjellige. Skjønnheten og æren til innbyggerne i det nye Jerusalem er fullstendig forskjellig fra de til innbyggerne alle andre steder i himmelen.

I motsetning til mennesker som oppholder seg i det nye Jerusalem, må menneskene fra de andre bostedene i himmelen gå gjennom en prosess for å være med på festmiddagen i det nye Jerusalem. Menneskene fra det Tredje, Andre, Første Kongerike i Himmelen eller fra Paradiset må forandre deres klær til de spesielle draktene i det nye Jerusalem. Siden lyset til de himmelske kroppene er forskjellig avhengig av hvilket bosted menneskene kom fra, må de låne passende klær til å besøke bostedene til et høyere nivå enn stedet hvor de bor.

Det er på grunn av dette at det er et annet sted hvor du kan bytte klær. Det er så mange drakter i det nye Jerusalem og englene hjelper menneskene med å skifte klærne deres. Likevel må de som kommer fra Paradiset, fordi om det er få av dem, skifte klærne helt alene uten noe som helst hjelp fra englene. De skifter deres klær til draktene i det nye Jerusalem og er dypt rørt av æren til draktene. De føler seg fremdeles sørgelige fordi de har på seg drakter som de ikke er virkelig berettiget til.

Mennesker fra det Tredje, Andre eller det Første Kongerike i Himmelen og Paradiset må skifte klærne deres og vise innbydelsene til englene ved inngangen til festhallen for å kunne komme inn.

Den store og briljante spisehallen

Når englene fører deg inn til spisehallen, kan du ikke hjelpe for å bli overmannet av de briljante lysene, elegansen, og prakten av spisehallen. Gulvet til salen skinner med farvene til de hvite edelstenene uten noen som helst flekker eller skavanker, og den har veldig mange søyler på hver side. De runde søylene er like klare som glass og interiøret er dekorert med mange slags juveler for å kunne lage denne enestående skjønnheten. En liten bukett henger på hver søyle for å forhøye stemningen og kvaliteten til spisehallen.

Hvor lykkelig og overveldende ville det ikke bli for deg hvis du ble invitert til en ballsal som er laget av hvit marmor og briljante skinnende krystall! Hvor mye vakrere og lykkeligere ville den himmelske spisesalen være som er laget av så mange slags himmelske juveler!

Foran spisesalen til det nye Jerusalem, er det to scener som gir deg en alvorlig følelse som om du har besøkt fortiden og deltar i en kronings seremoni til en eldgammel keiser. På midten av den øverste scenen er det en stor trone med hvit edelsten farve for Gud Faderen. På høyre side av denne tronen er Herrens trone og på venstre side er tronen til hedersgjesten for den første salen. Disse tronene er omringet av briljante lys og er veldig høye og storslagne. På den nederste scenen, er det satt seter for profetene ifølge deres himmelske rang for å uttrykke majesteten til Gud faderen.

Denne festmiddagen er stor nok til å holde mangfoldige inviterte himmelske innbyggere. På den ene siden av spisesalen, er det et himmelsk orkester med en erkeengel som dirigent. Dette orkesteret spiller himmelsk musikk for å bidra til lykken og gleden ikke bare i løpet av festmiddag, men også før festmiddagen begynner.

Å bli plassert ved ledsaging av englene

De som har kommet inn til spisesalen er ledsaget av englene til deres utpekte stoler, og folkene fra det nye Jerusalem sitter foran, etterfulgt av de som kommer fra det Tredje Kongerike, det Andre Kongerike, det Første Kongerike, og Paradiset.

De som kommer fra det Tredje Kongerike har også på seg kroner, som er helt forskjellige fra kronene i det nye Jerusalem, og de må sette på runde merker på høyre siden av kronene for å skille dem fra menneskene fra det nye Jerusalem. De som kommer fra det Andre og Første Kongerike må sette et rundt merke på venstre brystet deres slik at de automatisk er utskilt fra menneskene fra det Tredje Kongerike eller det nye Jerusalem. Menneskene fra det Andre og Første Kongerike har på seg kroner, men mennesker fra Paradiset har ingen kroner å ha på seg.

De som er inviterte til festmiddagen i det nye Jerusalem sitter seg ned og venter på at Gud Faderen kommer, som er verten for denne festmiddagen, med et urolig hjerte, og justerer deres klær o.s.v. Idet trompeten høres for å melde fra at Faderen kommer, alle menneskene i spisesalen reiser seg for å motta verten deres. På denne tiden kan de som ikke er inviterte til festmiddagen fremdeles delta i begivenheten gjennom et kringkastings system som foregår på samme tid i deres egne bosteder over alt i himmelen.

Faderen stiger inn i salen når vi hører lyden av trompeten

Ved lyden av trompeten, vil mange erkeengler som ledsaget

Gud Faderen komme inn først, og så vil Hans elskede forfedre av troen følge etter. Nå er alle og alt klart til å motta Gud Faderen. Menneskene som ser på denne scenen blir ivrigere etter å se Faderen og Herren, og de fester blikket sitt til forgrunnen. Til slutt ankommer Gud faderen med skinnende briljante og ærede lys. Hans fremmøte er så mektig og høytidelig, men samtidig veldig behagelig og hellig. Hans lett krøllete hår skinner av gull, og et så sterkt lys kommer ut fra Hans ansikt og hele kroppen at menneskene kan ikke engang åpne deres øyne ordentlig.

Når Gud Herren kommer opp til tronen, den himmelske verten og englene, profetene som ventet på scenen, og alle menneskene i spisesalen bøyde deres hoder for å tilbe Ham. Det er slik en ære å se Gud Herren, Skaperen og Herskeren over alt, personlig som en skapning. Hvor lykkelig og rørende er ikke dette! Men ikke alle gjestene kan se Ham. Menneskene fra Paradise, det Første Kongerike og det Andre Kongerike kan ikke løfte opp deres ansikter på grunn av det sterke lyset. De bare gråter av glede og opprørthet i takknemlighet for at de i det hele tatt kan være til stede på denne festmiddagen.

Herren presenterer æresgjesten

Etter at Gud faderen sitter på Hans trone, er Herren ført inn av en vakker og elegant erkeengel. Han har på seg en høy, flott krone og en skinnende, hvit, lang kappe. Han ser veldig fornem ut og er full av storslagenhet. Herren bøyer seg ned for Gud Faderen først for å være høflig, mottar tilbedelse av englene, profetene og alle andre mennesker, og smiler tilbake til dem.

Gud Faderen som sitter på tronen er vedlig tilfreds med å se alle menneskene som har fremmøtt til festmiddagen.

Herren går opp til et podium og presenterer æresgjesten for den Første festmiddagen, og forteller i detaljer om alt omkring Hans prestetjeneste som hjalp til å gjøre ferdig den menneskelig oppdragelsen. Noen av menneskene som er fremmøtt til festmiddagen undrer på hvem det er, de som allerede kjenner ham lytter til Herren med store forventninger.

Til slutt avslutter Herren Hans bemerkninger med å forklare hvordan denne mannen elsket Gud Faderen, hvor hardt han arbeidet med å frelse mange sjeler, og hvordan han fullstendig fullførte Guds vilje. Da er Gud Faderen overveldet av glede og står opp for å ønske æresgjesten velkommen til den første festmiddagen, akkurat som når en far ønsker sin sønn velkommen hjem etter stor sukksess, akkurat som en konge som mottar en triumferende hærfører. I spisesalen som er fyllt med forventninger og skjelvinger, lyder trompeten en gang til og så ankommer æresgjesten, sterkt skinnende.

Han har på seg en høy storslagen krone og en lang hvit drakt samme som Herren. Han ser også fornem ut, men menneskene kan føle hans vennlighet og barmhjertighet fra hans ansikt som ligner Gud Faderen.

Når æresgjesten til den første festmiddagen ankommer, reiser menneskene seg og klapper med deres hender i været som om de utformer en bølge. De snur seg rundt og fryder seg med de andre mens de klemmer hverandre. For eksempel i fotballverdenskampens siste match, når ballen går forbi målmannen for å bringe seier, alle menneskene for det seirende landet som er til stede eller som ser det på tv i deres hjem gleder seg og jubler, klemmer hverandre, triumferer, o.s.v. Samtidig er spisesalen i det nye Jerusalem full av jubel og glede.

2. Profetene i Himmelen som var i Gruppens Første Rekke

Hva må vi så gjøre spesielt for å kunne bli det nye Jerusalems innbyggere og være med på den første festmiddagen? Vi må ikke bare akseptere Jesus Kristus og motta den Hellige Ånd i gave, men også bære de ni fruktene til den Hellige Ånd og bli lik Guds hjerte som er like klart og vakkert som krystall. I himmelen er rekkefølgen avgjort av hvor mye frelse en har fått for å ligne Guds hjerte.

Derfor går profetene inn ifølge deres himmelske rang når Gud Faderen kommer inn til salen selv på den første festmiddagen i det nye Jerusalem. Jo høyere profetene eller troens andre forfedre er i rang, jo nærmere kan de stå til Guds trone. På samme måte vet vi at vi må ligne på Guds hjerte for å holde oss nærmere Hans trone siden himmelen er styrt i orden basert på rang.

La oss nå overveie hva slags hjerte som er like klart og vakkert som krystall, akkurat som Guds hjerte og hvordan vi kan fullstendig ligne på det gjennom profetenes liv i himmelens gruppe på første rekke.

Elias ble løftet opp uten å se døden

Av alle menneskene som er oppdratt på jorden, er Elias

plassert høyest. Gjennom Bibelen kan du se at hver side av Elias' liv vitnet til den levende Gud, den eneste sanne Gud. Han var en profet på Kong Ahabs tid i det nordlige kongerike i Israel, hvor idol tilbedelse var veldig vanlig. Han konfronterte 850 profeter som tilbedet idoler og brakte ned ild fra himmelen. Elias brakte også mye regn etter en tre og et halvt år lang tørke.

Elias var et menneske under samme vilkår som vi, og han ba at det ikke skulle regne, og det regnet ikke på jorden i tre år og seks måneder; og han ba atter, og himmelen ga regn, og jorden bar sin grøde (Jakobs brev 5:17-18).

Dessuten varte en håndfull med mel på et glass og litt olje på en kanne helt til hungersnøden var over. Gjennom Elias oppvekte han den døde sønnen til en enke og delte Jordan Elven. Til slutt dro Elias opp til himmelen da han ble fanget i en virvelvind (2. Kongebok 2:11).

Hva er så grunnen til at Elias, som var samme slags menneske som oss, kunne utføre Guds mektige under og til og med unngå døden? Det er på grunn av at han hadde fullført hjertet som ligner Gud, og som er like rent og vakkert som krystall, gjennom mange prøvelser i løpet av hans liv. Elias ga hele sin tillitt til Gud i alle situasjoner og adlød Ham alltid.

Når Gud befalte ham, sto profeten foran Kong Ahab som prøvde å drepe ham, og bekjentgjorde at Gud var den eneste virkelige Gud foran mangfoldige mennesker. Dette er hvorfor og hvordan han mottok Guds makt, åpenbarte Hans mektige arbeide så mye bare for å ære Gud, og nøt ære og lykkelighet i all evighet.

Enok spaserte med Gud i over 300 år

Hva med saken angående Enok? Akkurat som Elias, var også Enok løftet opp til himmelen uten å se døden. Selv om Bibelen ikke nevner så mye angående ham, kan vi fremdeles se hvor mye han lignet på Guds hjerte.

> *Da Enok var fem og seksti år gammel, fikk han sønnen Metusalah. Og Enok vandret med Gud i tre hundre år, etter at han hadde fått Metusalah; og han fikk sønner og døtre. Og alle Enoks dager ble tre hundre og fem og seksti år. Enok vandret med Gud; så ble han borte, for Gud tok ham til seg* (1. Mosebok 5:21-24).

Enok begynte å spasere med Gud når han var 65 år gammel. Han var veldig fantastisk i Guds øyne fordi hans hjerte var likt Guds hjerte. Gud sammarbeidet godt med ham, spaserte med ham i 300 år, og tok ham levende for å sette ham nærme Selve Gud. Å "spasere med Gud" menes at Gud er med den spesielle personen i alt, og Gud var med Enok hvorenn han gikk for tre generasjoner.

Hvis du reiser på tur, hva slags person vil du reise med? Reisen vil bli tilfredstillende hvis du drar sammen med en person som du kan dele dine tanker med. Men samtidig innser vi at Enok var den samme som Gud i hjerte og derfor kunne han spasere med Gud.

Siden Gud egentlig er lyset, godheten, og kjærligheten, kan vi ikke ha noe mørke i oss for å kunne spasere med Gud, men må ha overflytende godhet og kjærlighet. Enok holdt seg selv hellig selv

Himmelrike II

om han levde i en ondskapsfull verden, og forkynte Guds vilje til menneskene (Judas' brev 1:14). Bibelen sier ikke at han fullførte noe stort eller utførte en spesiell gjerning. Men fordi Enok fremdeles fryktet Gud dypt inne i hans hjerte, unngikk ondskap, og levde et hellig liv for å kunne spasere med Ham, tok Gud ham for å sette ham fortere nærme seg selv.

Derfor forteller brevet til hebreerne 11:5 oss, *"Ved troen ble Enok bortrykket, så han ikke skulle se døden, og han ble ikke funnet, fordi Gud hadde bortrykket ham. For før han ble bortrykket, fikk han det vitnesbyrd at han tektes Gud."* På samme måte var Enok, som hadde troen til å tilfredsstille Gud, velsignet med å alltid spasere med Gud, løftet opp til himmelen uten å se døden, og ble den andre rangerende personen i himmelen.

Abraham ble kalt en venn av Gud

Hva slags vakkert hjerte hadde Abraham nå siden han ble kalt en venn av Gud og fikk rangen som tredjemann i himmelen?

Abraham stolte fullt og fast på Gud og adlød Ham fullstendig. Når han flyttet fra hans hjemland av Guds befalling, kjente han ikke engang Guds mål, men av lydighet forlot han sitt hjemland og økonomiske hjem. Og likeledes når han ble befalt om å ofre sin sønn Isaac som et brennende offer, han som han fødte når han var 100 år gammel, adlød han med det samme. Han stolte på Gud som er god og allmektig, og som kunne vekke opp de døde.

Abraham var heller ikke egoistisk i det hele tatt. For eksempel, når hans nevø Lots og hans eiendeler var så mektige at de ikke lenger kunne holde sammen, lot Abraham Lot bestemme først, og sa, *"Kjære, la det ikke være trette mellom meg og deg og mellom mine hyrder og dine hyrder! Vi er jo brødre. Ligger ikke hele landet åpent for deg? Skill deg heller fra meg! Drar du til venstre, vil jeg dra til høyre, og drar du til høyre, vil jeg dra til venstre"* (1. Mosebok 13:8-9).

Ved en anledning, kom mange konger sammen og trengte seg inn i Sodom og Gomorrah og tok alt godset og maten sammen med hans nevø Lot som bodde i Sodom. Da tok Abraham 318 men som var født og trenet i hans hushold, forfulgte kongene og fikk tilbake eiendelene og maten. Kongen for Sodom ville gi Abraham noe av de eiendelene som de hadde fått tilbake i takknemlighet, men han avslo. Abraham gjorde det for å vise at velsignelsene bare kom ifra Gud. På samme måte adlød Abraham i troen om Guds ære med et hjerte som er like rent og vakkert som krystall. Det er på grunn av dette at Gud velsignet ham rikelig her på jorden akkurat som i himmelen.

Moses, lederen av Eksodus

Hva slags hjerte hadde Moses, lederen av Eksodus, siden han er rangert som den fjerde i himmelen? 4. Mosebok 12:3 forteller oss, *"Men Moses var en meget saktmodig mann, mere enn alle mennesker på jorden."*

I Judas' brev er det en scene hvor erkeengelen Michael diskuterer med djevelen om Moses' legeme, og dette er på grunn av at Moses hadde kvalifikasjonene til å bli løftet opp til himmelen uten å se døden. Når Moses var en prins i Egypt, drepte han engang en egypter som banket opp en hebreer. På grunn av dette skyldte djevelen på at Moses ikke hadde sett døden.

Men likevel kranglet erkeengelen Michael med djevelen, og sa at Moses hadde kastet vekk alle hans synder og ondskap og han hadde kvalifikasjonene til å bli løftet opp. I Matteus' evangeliet 17, leser vi at Moses og Elias kom ned ifra himmelen for å ha en samtale med Jesus. Fra disse faktaene kan vi konkludere hva som skjedde med Moses' kropp.

Moses måtte springe vekk ifra Pharaoh slottet på grunn av mordene som han hadde begått. Så han oppdrettet sauer i ørkenen i 40 år. Gjennom prøven i ørkenen, ødela Moses all hans stolthet, ønsker, og hans egen rettferdighet som han hadde som en prins i Pharaoh palasset. Først etter dette utnevnte Gud ham oppgaven med å bringe isralittene ut av Egypt.

Nå måtte Moses, som en gang hadde myrdet en person og flyktet, gå tilbake til Pharaoh igjen og bringe isralittene ut av Egypt, de som hadde vært slaver i 400 år. Dette virket umulig ifølge menneskenes tanker, men Moses adlød Gud og dro fremfor Pharaoh. Ingen kunne bli lederen og bringe millioner av isralitter ut av Egypt og lede dem til landet Canaan. Det er på grunn av dette at Gud først foredlet Moses i ørkenen i 40 år og gjorde ham til en mektig kar som kunne omfavne og stå opp mot alle isralittene. På denne måten ble Moses en person som kunne adlyde helt til de døde gjennom prøver og kunne utføre gjerningen med å lede Eksodus. Vi kan lett se hvor mektig Moses var ifra Bibelen.

Så vendte Moses tilbake til Herren og sa: "Akk, dette folk har gjort en stor synd, de har gjort seg en gud av gull. Å, om Du ville forlate dem deres synd! Men hvis ikke, da slett meg ut av Din bok som Du har skrevet!" (Annen Mosebok 32:31-32)

Moses visste godt at ved å stryke ut navnet sitt fra Herrens bok, mente det ikke bare fysisk død. Ved å godt vite at de som ikke har sine navner skrevet i Livets Bok vil bli kastet inn i helvetes ilden – den evige døden – og lide i all evighet, var Moses villig til å dø for menneskenes synders tilgivelse.

Hva ville Gud føle når Han så på denne Moses? Gud var veldig tilfreds med ham fordi han fullstendig forsto Guds hjerte, et hjerte som hater synd og som fremdeles vil redde synderne; Gud svarte på hans bønner. Gud betraktet Moses som mere verdifull enn alle isralittene fordi han hadde hjerte som var helt riktig i Guds øyne og var like klar som livets vann som kommmer fra Hans trone.

Hvis det er en diamante på størrelse med en bønne uten noen feil eller flekker, og hundrevis av stener på størrelse med en neve, hvem av dem ville du betrakte som mest verdifull? Ingen ville bytte en diamant for en vanlig sten.

Når en innser verdien av Moses alene, som hadde fullført Guds hjerte, var mye større enn alle menneskene i Israel til sammen, burde vi fullføre hjertene som er like rene og vakre som krystall.

Paulus, apostelen for Hedningene

Den femte i den himmelske rangen er apostelen Paulus som ga sitt liv i forkynnelsen til Hedningene. Selv om han var trofast med mye lidenskap på Guds kongerike helt til han døde, var han på den ene siden alltid sørgmodig fordi han en gang hadde forfulgt Jesus Kristus forfølgere før han aksepterte Herren. Det er derfor han tilsto i Paulus' 1. brev til korintierne 15:9, *"For jeg er den ringeste av apostlene og er ikke verd å kalles apostel, fordi jeg har forfulgt Guds menighet."*

Men siden han var slik en god kar, valgte Gud ham, forbedret ham, og brukte ham som apostelen for Hedningene. Paulus' 2. brev til korintierne 11:23 og videre forklarer i detaljer om mange vanskeligheter som han led mens han forkynnet om evangeliet, og vi kan se at han led så mye at han oppga til og med håpet om livet. Han ble pisket og fengslet mange ganger. Fem ganger fikk han førti piskeslag minus en fra jødene; tre ganger var han banket opp med køller; en gang kastet de stener på ham; tre ganger havarerte skipet hans, han tilbrakte en natt og en dag på det åpne havet; han hadde ofte gått uten søvn; han kjente til sult og tørsthet og hadde ofte gått uten mat; han hadde vært kald og naken (Paulus' 2. brev til korintierne 11:23-27).

Paulus led så mye at han tilsto i Paulus 1. brev til korintierne 4:9, *"For meg tykkes at Gud har vist oss apostler frem som de ringeste, som dødsdømte; for et skuespill er vi blitt for verden, både for engler og for mennesker."*

Hvorfor tillot Gud derfor at Paulus fikk så mange vanskeligheter og forfølgelser, han som var trofast helt til han døde? Gud kunne beskytte Paulus fra alle vanskeligheter, men Han ville at Paulus skulle ha et rent og godt hjerte akkurat som krystall gjennom de vanskelighetene. Apostelen Paulus kunne tross alt oppnå støtte og glede bare i Gud, nekte seg selv fullstendig, og ha Kristus perfekte form. Nå kunne han tilstå i Paulus' 2. brev til korintierne 11:28, *"Foruten alt annet har jeg ennå det daglige overløp, omsorgen for alle menighetene."*

Han tilstår også i Paulus' brev til romerne 9:3, *"For jeg ville ønske at jeg selv var forbannet bort fra Kristus for mine brødre, mine frender etter kjødet."* Paulus som hadde et slikt hjerte som var like rent og vakkert som krystall, kunne ikke bare komme inn i det nye Jerusalem, men kunne også være nærme Guds trone.

3. Vakre Kvinner i Guds øyne

Vi har allerede sett på den første festmiddagen i det nye Jerusalem. Når Gud Faderen ankommer hallen, er det en kvinne bak Ham. Hun følger Gud Faderen i en hvit kjole som nesten berører gulvet og som er dekorert med mange slags juveler. Kvinnen er Maria Magdalena. Omstendighetene tatt i betraktning på den tiden hvor kvinnenes offentlige roller var begrenset, kunne hun ikke ha gjort veldig mye for å fullføre Guds kongerike, men fordi hun var slik en vakker kvinne i Guds øyne, kunne hun komme inn til det mest ærede stedet i himmelen.

Akkurat som det er en rang blandt profetene ifølge hvor mye de ligner Guds hjerte, kvinner i himmelen, har også en orden hvor det er en rekkefølge avhengig av hvor mye de ble erkjennet og elsket av Gud.

Så hva slags liv levde slike kvinner for å bli erkjennet og elsket av Gud og bli ærede mennesker i himmelen?

Maria Magdalena var den første til å møte den oppståtte Herren

Kvinnen som er elsket mest av Gud er Maria Magdalena. I lang tid hadde hun vært bundet til mørkets makt og mottat foraktelse og hån fra andre, og led av forskjellige sykdommer. På en av de vanskelige dagene, hørte hun nyheten om Jesus, laget en kostbar parfyme og gikk til Ham. Hun hørte at Jesus hadde kommet til huset til en av fariseerne og dro dit, men hun torde ikke å gå til Ham selv om hun hadde lengtet etter Ham veldig mye. Hun gikk bak Ham, gjennombløtte Hans føtter med hennes tårer, tørket det av med hennes hår, og brakk glasset og helte parfymen på Ham. Hun var befridd fra smertene av sykdommene gjennom denne handlingen av tro, og hun var veldig takknemlig. Fra da av, elsket hun Gud fullt ut og fulgte Ham hvorenn Han gikk, og ble slik en vakker kvinne som ga hele hennes liv for Ham (Lukas' evangeliet 8:1-3).

Hun fulgte Jesus selv når Han ble korsfestet og når Han tok sitt siste åndedrag, selv om hun visste at selv hennes tilstedeværelse kunne kreve hennes liv. Maria gikk mye lenger enn bare å tilbakebetale æren som hun hadde mottat, hun fulgte Jesus, ga alt, inkludert hennes eget liv.

Maria Magdalena, som elsket Jesus så mye, ble den første til å møte Herren etter Hans oppståelse. Hun ble den mektigste kvinnen i menneskenes historie, fordi hun hadde et slikt godt hjerte og gode handlinger som til og med kunne røre ved Gud.

Jomfru Maria var velsignet ved å føde Jesus

Den andre vakreste kvinnen i Guds øyne er Jomfru Maria, som ble velsignet med å føde Jesus, som ble Frelseren for alle menneskene. For ca. 2000 år siden, måtte Jesus komme som et menneske for å frelse alle menneskene fra deres synder. For at dette kunne bli fullført, en kvinne som var egnet i Guds øyne var nødvendig, og Maria som på den tiden var forlovet med Josef, ble valgt. Gud lot henne vite på forhånd gjennom erkeengelen Gabriel at hun ville bli gravid med Jesus gjennom den Hellige

Ånd. Maria involverte ingen menneskelige tanker, men modig tilsto hennes tro, *"Se, jeg er Herrens tjenerinne; meg skje etter ditt ord"* (Lukas' evangeliet 1:38).

Hvis en jomfru på den tiden ble gravid, måtte hun ikke bare bli vanæret offentlig, men også kastet stein på til de døde ifølge Loven til Moses. Men hun trodde dypt i sitt hjerte at ikke noe var umulig med Gud og sa at de kunne gjøre det akkurat som de sa. Hun hadde et godt nok hjerte til å adlyde Guds Ord selv om det ganske godt kunne gå på bekostning av hennes eget liv. Hvor lykkelig og takknemlig hadde hun vært når hun først ble gravid med Jesus eller når hun så at Han vokste med Guds makt! Det var en slik velsignelse å ha dette skje med Maria, som bare var et vanlig menneske.

Det er derfor hun var så lykkelig bare ved å simpelthen se på Jesus, og hun tjente og elsket Ham mer enn sitt eget liv. På denne måten var Jomfru Maria høyt velsignet av Gud og mottok den evige æren ved siden av Maria Magdalena blandt alle kvinnene i himmelen.

Ester fryktet ikke noe for Guds vilje

Ester som reddet hennes folk tappert med tro og kjærlighet, ble en vakker kvinne i Guds øyne og nådde den mest ærede posisjonen i himmelen.

Etter at kongen i Persia Xerxes tok vekk dronning Vashtis kongelige stilling, ble Ester valgt blandt mange vakre kvinner og ble dronning selv om hun var en jøde. Hun var elsket av kongen og mange mennesker fordi hun hverken prøvde å vise seg selv eller var stolt, men dekorerte seg selv med renhet og eleganse selv

om hun allerede var veldig vakker.
Samtidig som hun var i denne kongelige stillingen, støtet jødene på en stor krise. Haman the Agagite, som var favorisert av kongen, ble rasende når en jøde med navnet Mordecai ikke knelte foran ham eller ga ham noe respekt og ære. Han satte derfor igang en plan til å bli kvitt alle jødene i Persia, og mottok tillatelse fra kongen til å gjøre det.

Esther fastet i tre dager for hennes folk og bestemte seg for å gå til kongen (Esters' bok 4:16). Ifølge den persiske loven på den tiden, hvis noen gikk til kongen uten hans befaling, måtte han eller henne bli drept, unntatt når kongen holdt ut hans gull septer til den personen. Etter hennes tre dagers faste, stolte Ester på Gud og gikk til kongen med hennes avgjørelse, *"Hvis jeg dør, så dør jeg."* På grunn av Guds inngripen, Haman, som selv hadde deltatt i sammensvergelse, ble selv drept. Ester frelset ikke bare hennes folk, men ble også elsket mye høyere av hennes konge.

På samme måte ble Ester sett på som en vakker kvinne og nådde den ærede stillingen i himmelen på grunn av at hun var sterk i sannheten og var modig nok til å gi sitt eget liv for å følge Guds vilje.

Rut hadde et vakkert og godt hjerte

La oss nå forske inn i Ruts liv, som også er sett på som en vakker kvinne i Guds øyne og har blitt en av de mektigste kvinnene i himmelen. Hva slags hjerte og gjerninger hadde hun for å tilfredstille Gud og bli velsignet?

Rut den moabitte giftet seg med en israeler hvor familien hadde flyttet til Moab på grunn av en hungersnød, men mistet snart hennes mann. Alle mennene i familien hennes døde tidlig, så hun bodde sammen med hennes svigermor Naomi og svigerinnen Orpah. Naomi som var bekymret for deres fremtid, foreslo at hennes to svigerinner skulle reise tilbake til deres egne familier. Orpah dro ifra Naomi gråtende, men Rut ble igjen, og holdt en rørende tilståelse på følgende måte:

> *Anbefal meg ikke å ta avskjed med deg eller dra tilbake etter at jeg har fulgt deg; for hvor du går vil også jeg gå, og hvor du oppholder deg, vil også jeg oppholde meg. Dine folk skal bli mine folk, og din Gud, min Gud. Hvor du dør, jeg vil dø, og der vil jeg bli begravet. Derfor må HERREN gjøre med meg akkurat hva han vil, hvis noe annet enn døden skiller oss ad.*

Siden Rut hadde et slikt vakkert hjerte, tenkte hun aldri til fordel for seg selv, men fulgte bare godheten selv om det kunne skade henne, og gjorde hennes forpliktelse med å trofast tjene hennes svigermor med glede.

Ruts forpliktelse ved å tjene hennes svigermor var så vakker at hele landsbyen kjente til Ruts trofasthet og elsket henne. Med hennes svigermors hjelp, ble hun omsider gift med en mann ved navnet Boaz, en frelser fra den samme slekten. Hun fødte en sønn og ble en oldemor til Kong David (Ruts bok 4:13-17). Rut var også velsignet med å være fra samme stamtavle som Jesus, selv om hun var en Hednings kvinne (Matteus' evangeliet 1:5-6), og ble en av de vakreste kvinnene i himmelen ved siden av Ester.

4. Maria Magdalena Holder Seg Nærme Guds Trone

Hva er så grunnen til at Gud lar oss vite om den første festmiddagen i det nye Jerusalem og rekkefølgen av profetene og kvinnene? Kjærlighetens Gud vil ikke bare at alle menneskene skal motta frelse og nå kongerike i himmelen, men at de også ligner hans hjerte slik at de kan holde seg nærme Hans trone i det nye Jerusalem.

For at vi kan motta æren ved å være i nærheten av Guds trone i det nye Jerusalem, våre hjerter må ligne Hans hjerte som er like klart og vakkert som krystall. Vi må utrette det vakre hjerte akkurat som de tolv grunnlagene til veggene i Byen det nye Jerusalem.

Fra nå av skal vi derfor forske inn i livet til Maria Magdalena, som tjener Gud Faderen ved å holde seg nærme Hans trone. Mens jeg ba for "Johannes Lesninger av Evangeliet," ble jeg godt kjent med livet til Maria Magdalena gjennom inspirasjonen til den Hellige Ånd. Gud åpenbarte for meg hva slags familie som Maria Magdalena var født i, hvordan hun levde, og hvor lykkelig et liv hun kunne nyte etter at hun hadde møtt vår Frelser Jesus. Jeg håper at du vil følge hennes vakre og gode hjerte for å selv bære skylden i alt og at hennes livgivende kjærlighet til Herren blir slik at dere også må ha æren av å holde dere nærme Guds trone.

Hun ble født i en avgudsdyrkende familie

Hun fikk navnet "Maria Magdalena" fordi hun ble født i en landsby ved navnet "Magdalena" som var full av avgudsdyrkere.

Hennes familie var ikke noe untak; en forbannelse hadde falt på hennes familie i mange generasjoner på grunn av avgudsdyrking og det var mange problemer. Maria Magdalena som ble født i den verste åndelige situasjonen, kunne ikke spise riktig på grunn av en gastroenteritt sykdom. På grunn av at hun også var svak fysisk mesteparten av tiden, hennes kropp var utsatt for alle slags sykdommer. Hennes menstruasjon stoppet til og med da hun var ganske ung og hun mistet derfor en viktig kvinnelig funksjon. Derfor oppholdt hun seg alltid inne i huset sitt og senket seg selv ned som om hun ikke var til stede. Men selv om hun var foraktet og behandlet kaldt, selv av hennes familie medlemmer, klaget hun aldri på dem. Istedenfor forsto hun dem og prøvde å bli en kilde med styrke for dem, ved å selv ta skylden. Når hun ble klar over at hun ikke kunne gi styrke til hennes familie medlemmer, men forble bare en byrde til dem, forlot hun sin familie. Dette var ikke på grunn av hat eller avsky på grunn av deres dårlige behandling, men bare på grunn av at hun ikke ville bli en byrde til dem.

Å prøve hennes beste, og å ta all skylden selv

I mellomtiden møtte hun en mann og prøvde å stole på ham, men han var en veldig ondskapsful mann. Han prøvde ikke å støtte familien, men var istedenfor involvert i gambling. Han spurte Maria Magdalena om å bringe ham mere penger, ofte ved å kjefte på henne og slå henne.

Maria Magdalena begynte å gjøre håndarbeide mens hun søkte etter en mer solid inntekt. Men på grunn av at hun vanligvis var svak og arbeidet hele dagen, ble hun bare svakere nå som hun måtte stole på andre for å røre på seg. Men selv om hun forsørget mannen hennes, var han ikke engang takknemlig for henne, men bare overså henne og var bare nedlatende til henne. Maria Magdalena hatet ham ikke men var bare veldig sørgmodig over at hun ikke kunne bli av mere hjelp til denne mannen, på grunn av hennes svake kropp, og betraktet all hans mishandling som akseptabel.

Mens hun var i denne desperate situasjonen, sviktet av hennes foreldre, brødre, og hennes mann, hørte hun noen veldig gode nyheter. Hun hørte nyhetene om Jesus, som gjorde vidunderlige mirakler som å la de blinde se og de stumme snakke. Når Maria Magdalena hørte om alle disse tingene, hadde hun ingen tvil om tegnene og undrene som ble gjort av Jesus på grunn av at hennes hjerte var veldig godt. Istedenfor hadde hun troen om at hennes svakhet og sykdommer ville bli helbredet så snart hun møtte Jesus.

Hun lengtet etter å møte Jesus med troen. Til slutt hørte hun at Jesus hadde kommet til hennes landsby og hadde oppholdt seg i huset til en fariseer ved navnet Simon.

Bruke troen til å helle parfymen

Maria Magdalena var så lykkelig at hun kjøpte parfyme med pengene som hun hadde spart opp fra håndarbeidet. Hva som må ha gått gjennom hennes tanker når hun møtte Jesus kan ikke riktig bli beskrevet.

Mennesker prøvde å stoppe henne fra å gå opp til Jesus på grunn av hennes fillete klær, men ingen kunne stoppe hennes lidenskap. Til tross for menneskenes skarpe blikk, gikk Maria

Magdalena til Jesus og gråt uendelig da hun så Hans rolige skikkelse.

Hun torde ikke å stå foran Jesus, så hun gikk bak Ham. Når hun var ved Hans føtter, gråt hun bare mere og gjorde Hans føtter søkkvåte. Hun tørket Hans føtter med hennes hår og slo istykker glasset med parfymen for å helle det på hans føtter, for til henne var Han helt fantastisk.

Siden Maria Magdalena kom til Jesus med mye ivrighet, ble hun ikke bare tilgitt sine synder for å bli frelst, men vidunderlige helbredelser skjedde også med å helbrede alle hennes indre sykdommer og også hennes hudsykdom. Alle hennes kroppslige deler begynte å virke normalt igjen, og hun begynte med mensen igjen. Hennes fjes som hadde sett så forferdelig ut på grunn av alle sykdommene ble fyllt med lykke og glede, og hennes kropp som hadde vært veldig svak ble frisk. Hun fant hennes verdi som kvinne igjen, og var ikke lenger bundet til mørkets makt.

Å følge Jesus helt til døden

Maria Magdalena erfarte noe som hun var mere lykkelig over enn helbredelse. Det var det faktum at hun møtte en person som ga henne overflytende kjærlighet som hun aldri hadde mottat fra noen andre før. Fra denne tiden og fremover, ga hun all sin tid og lidenskap til Jesus med mye lykke og takknemlighet. På grunn av at hennes helse ble god igjen, kunne hun forsørge Jesus økonomisk med håndarbeide eller annet arbeide, og følge Ham med hele hennes hjerte.

Maria Magdalena fulgte ikke bare Jesus når Han utførte tegn og undere og forandret livet til mange med kraftige budskaper,

Himmelrike II

men var også med Ham når Han led av de romerske soldatene og tok korset. Hun var til og med der når Jesus hang på korset. Til tross for det faktum at hennes tilstedeværelse kunne ta hennes eget liv, Maria Magdalena dro opp til Golgata, og fulgte Jesus mens Han bærte korset. Hva ville hun ha følt mens Jesus, som hun virkelig elsket, led av så mye smerter og mistet alt vesken ikroppen og blødde ihjel?

Herre, hva skal jeg gjøre,
hva skal jeg gjøre?
Herre, hvordan kan jeg leve?
Hvordan kan jeg leve uten Deg, Herre?

...

Bare hvis jeg kan ta blodet
som Du mister,
Bare hvis jeg kan ta smerten
som Du gjennomgår.

...

Herre,
Jeg kan ikke leve foruten Deg.
Jeg kan ikke leve
hvis jeg ikke er med Deg.

Maria Magdalena tok ikke hennes øyne vekk ifra Jesus til Han tok sitt siste åndedrag, og prøvde å inngravere Hans glitrende øyne og Hans ansikt dypt inne i hennes hjerte. Hun sto også å betraktet Jesus helt til Hans siste øyeblikk, og fulgte etter Josef fra Arimathea, som la kroppen til Jesus i en grav.

Å se den oppstående Herren ved daggry

Maria Magdalena ventet til at hviledagen hadde passert, og ved daggry den første dagen etter hviledagen, dro hun til graven for å sette parfyme på kroppen til Jesus. Men hun kunne ikke finne Hans kropp. Hun ble dypt ulykkelig og gråt, og den oppståtte Herren viste seg for henne. På denne måten fikk hun æren av å møte den oppståtte Herren før noen andre.

Til og med etter at Jesus døde på korset, kunne hun ikke tro sine egne øyne. Jesus var alt for henne og hun elsket Ham veldig høyt. Hvor lykkelig måtte hun ikke ha vært når hun møtte den oppståtte Herren i en slik forferdelig situasjon! Hun kunne ikke stoppe tårene sine på grunn av så sterke følelser. Hun kjente ikke Herren igjen med det samme, men når Han kaldte henne "Maria" med den behagelige stemmen, kjente hun Han igjen. *"Rør ikke ved meg! For Jeg er ennå ikke faret opp til Faderen; men gå til mine brødre og si til dem: 'Jeg farer opp til min Fader og deres Fader, og til min Gud og deres Gud!'"* Fordi Herren også elsket Maria Magdalena veldig mye, viste Han seg til henne før Han møtte Faderen etter oppstandelsen.

Lever nyheten med Jesus' oppstandelse

Kan du forestille deg hvor utrolig lykkelig Maria Magdalena måtte ha vært når hun møtte den gjenoppstående Herren, som hun hadde elsket så veldig høyt. Hun fortalte at hun ville bli med Herren i all evighet. Herren kjente hennes hjerte, men forklarte henne at hun ikke kunne være med Ham akkurat da, men ga henne en oppgave. Hun måtte gi nyheten om Hans oppstandelse til disiplene fordi deres sinn trengte å bli beroliget og trøstet etter sjokket med Jesus' korsfestelse.

I Johannes' evangeliet 20:18 ser vi at *"Maria Magdalena kommer og forteller disiplene: 'Jeg har sett Herren, og at Han hadde sagt dette til henne.'"* Det faktum at Maria Magdalena var vitne til Herrens oppstandelse før noen annen og ga denne nyheten til disiplene var ikke en tilfeldighet. Det var et resultat av hennes hengivenhet og tjeneste til Herren med hennes lidenskapelige kjærlighet til Ham.

Hvis Pilatus hadde spurt om noen ville bli korsfestet på vegne av Jesus, ville hun ha vært de første til å si "Ja" og kommet frem; Maria Magdalena elsket Jesus mere enn hennes eget liv og tjente Ham med fullstendig hengivenhet.

Æren av å tjene Gud Faderen

Gud var så tilfreds med Maria Magdalena, som var så god i hjertet uten noe som helst ondskap, og hadde en fullstendig åndelig kjærlighet. Maria Magdalena elsket Jesus med en uforandret og sann kjærlighet fra den dagen hun møtte Ham. Gud Faderen, som mottok hennes gode og vakre hjerte, ville gjerne ha henne nærme seg og kjenne duften av den gode og kjærlige aromaen til hennes hjerte. Når tiden var inne, tillot Han derfor Maria Magdalena å nå æren av å tjene Ham, og til og med røre ved Hans trone.

Hva Gud Faderen vil mere enn noe annet er å få sanne barn

som Han kan dele Hans sanne kjærlighet med for evig. Det er derfor Han planla den menneskelige oppdragelsen, formerte seg selv til Treenigheten, og har ventet og motstått i lang tid med menneskene her på jorden.

Nå når alle bostedene i himmelen er klare, vil Herren åpenbares i luften, og holde bryllupsmiddag med Hans bruder. Så vil Han la dem lede med Ham i tusen år og føre dem til de himmelske bostedene. Vi vil leve for alltid med Gud Treenigheten i den høyeste lykken og gleden i himmelen som er like klar, ren, og vakker som krystall, fyllt med Guds ære. Hvor lykkelig ville ikke de som kom til det nye Jerusalem være siden de kan møte Gud ansikt til ansikt og være med Ham for alltid!

To tusen år tilbake spurte Jesus, *"Men når menneskesønnen kommer, mon han da vil finne troen på jorden?"* (Lukas evangeliet 18:8) Det er veldig vanskelig å finne en sann tro i dag.

Apostelen Paulus, som ledet misjonen med å forkynne evangeliet til Hedningene, skrev et brev til Timoteus like før han døde, hans åndelige sønn, som selv led av kjetterske atskillelser og forfølgelse av de kristne.

Jeg vitner for Gud og Jesus Kristus, som skal dømme levende og døde, og ved Hans åpenbarelse og Hans rike: "Forkynn ordet, vær rede i tide og i utide, overbevis, irettesett, forman med all langmodighet og lære! For det skal komme en tid da de ikke skal tåle den sunde lære, men etter sine egne lyster ta seg selv lærere i hopetall, fordi det klør dem i øret, og de skal vende øret bort fra sannheten og vende seg til eventyr. Men vær du edru i alle ting, lid ondt, gjør en evangelists gjerning, fullfør din tjeneste! For jeg ofres allerede, og tiden for min bortgang er forhånden. Jeg har stridt den gode strid, fullendt løpet, bevart troen. Så ligger da rettferdighetens krans rede for meg, den som Herren, den rettferdige dommer, skal gi meg på hin dag, dog ikke meg alene, men alle som har elsket hans åpenbarelse" (Paulus 2. brev til Timoteus 4:1-8).

Hvis du håper på himmelen og lengter etter Herrens fremtreden, må du prøve å leve ifølge Guds Ord og kjempe den gode kampen. Apostelen Paulus frydet seg alltid selv om han led veldig mye mens han spredde de gode nyhetene.

Derfor må vi også rense våres hjerter og gjøre flere gjerninger enn hva som er forlangt av oss for å tilfredstille Gud slik at vi kan dele den sanne kjærligheten for evig og for å komme nærmere Guds trone.

"Min Herre,
som kommer
i ærens skyer,
Jeg lengter etter den dagen
som Du vil omfavne meg!
Av Din ærede trone,
vi vil dele kjærligheten i all evighet
Som vi ikke kunne dele her på jorden,
og minnes sammen om fortiden.
Akk! Jeg vil dra til det himmelske kongerike

dansende
når Herren roper på meg!
Akk, det himmelske kongerike!"

Forfatteren:
Dr. Jaerock Lee

Dr. Jaerock Lee var født i Muan, Jeonnam Provinsen, Republikken i Korea, i 1943. I tjueårene led Dr. Lee i sju år av mange forskjellige uhelbredelige sykdommer og ventet bare på å dø uten noe som helst håp om å bli bedre. Men en dag på våren 1974 ble han imidlertidig ført til kirken av hans søster, og når han knelte ned for å be, helbredet Gud alle hans sykdommer ham med det samme.

Fra dette øyeblikket hvor han hadde møtt den levende Gud gjennom denne vidunderlige erfaringen, har Dr. Lee elsket Gud med hele sitt hjerte og med all oppriktighet, og i 1978 ble han utpekt som Guds tjener. Han ba iherdig gjennom uttalige fastende bønner slik at han klart og tydelig kunne forstå Guds vilje, fullstendig fullføre den og adlyde Guds Ord. I 1982 startet han Manmin Sentral Kirken i Seoul, Korea, og her har det skjedd mangfoldige mirakuløse helbredelser, tegn og under.

I 1986 ble Dr. Lee presteviet ved den Årlige Forsamlingen til Jesus' Sungkyul Kirken i Korea, og fire år senere i 1990, begynte de å kringkaste gudstjenestene i Australia, Russland, og på Filippinene. Innen kort tid nådde de mange flere land gjennom Den Fjerne Østens Kringkastingsfirma, Asias Kringkastingsstasjon, og Washingtons Kristelige Radio System.

Tre år senere i 1993, ble Manmin Kirken valgt som en av "Verdens 50 Beste Kirker" av magasinet *'Christian World'* (US) og han mottok en Æret Guddommelig Doktorgrad fra 'Christian Faith College' i Florida, USA, og i 1996 fikk han en Doktorgrad i filosofi fra Menigheten fra 'Kingsway Theological Seminary' i Iowa, USA.

Siden 1993 har Dr. Lee vært i spissen av verdens evangelisering gjennom mange utenlandske kampanjer i Tanzania, Argentina, L.A., Baltimore, Hawaii, og New York City i USA, Uganda, Japan, Pakistan, Kenya, og Filippinene, Honduras, India, Russland, Tyskland, Peru, Den Demokratiske Republikk i Kongo, Israel og Estonia.

I 2002 ble han kaldt "verdens vekkelsespredikant" av store Kristelige aviser i Korea for hans mektige menigheter i de forskjellige utenlandske kampanjene. Hans New York Kampanje i 2006' som ble holdt i Madison

Square Garden, som er den mest berømte arenaen i verden, var veldig spesiell. Begivenheten ble kringkastet til 220 nasjoner, og i hans 'Israelske Samlede Kampanje i 2009' som ble holdt i det Internasjonale Konferanse Senteret i Jerusalem, proklamerte han modig at Jesus Kristus er Messias og Frelseren.

Hans gudstjeneste er kringkastet til 176 nasjoner via satelitter inkludert GCN TV og han ble satt som en av de 10 Mest Inflytelsesrike Kristelige Ledere i 2009 og 2010 av det Russiske populære Kristelige bladet *In Victory* og det nye firma *Christian Telegraph* for hans mektige TV kringkatings menighet og utenlandske kirkemenigheter.

Fra og med mars 2017, har Manmin Sentral Kirke en menighet på mer enn 120,000 medlemmer. Det finnes 11,000 søster kirker rundt omkring i verden inkludert 56 kirker innenlands, og opp til nå har mer enn 102 misjonærer blitt sendt til 23 land, inkludert United States, Russland, Tyskland, Canada, Japan, Kina, Frankrike, Kenya, og mange flere.

Opp til datoen av denne utgivelsen har Dr. Lee skrevet 107 bøker, inkludert bestselgerene *Å Smake på Det Evige Livet Før Døden, Mitt Liv Min Tro I & II, Korsets Budskap, Troens Målestokk, Himmelen I & II, Helvete, Våkn Opp Israel,* og *Guds Makt*. Hans' arbeidet har blitt oversatt til mer enn 76 språk.

Hans Kristelige spalter står skrevet i *The Hankook Ilbo, The JoongAng Daily, The Chosun Ilbo, The Dong-A Ilbo, The Seoul Shinnum, The Kyunghyang Shinnum, The Korea Economic Daily, The Korea Herald, The Shisa News,* og *The Christian Press*.

Dr. Lee er for tiden lederen av mange misjonærorganisasjoner og forbund. Stillinger inkluderer: Formann, The United Holiness Church of Jesus Christ; Bestående President, The World Christianity Revival Mission Association; Grunnlegger & Viseformann, Global Christian Network (GCN); Grunnlegger & Viseformann, World Christian Doctors Network (WCDN); og Grunnlegger & Viseformann, Manmin International Seminary (MIS).

Andre prektige bøker fra den samme forfatteren

Himmelen I

Et detaljert utdrag av de forferdelig flotte omgivelsene som de himmelske innbyggerne nyter og vakker beskrivelse om forskjellige nivåer av de himmelske kongerikene.

Korsets Budskap

Et mektig og oppvekkende budskap for alle menneskene som sover åndelig! I denne boken vil du finne grunnen til at Jesus er den eneste Frelseren og Guds virkelige kjærlighet.

Helvete

Et oppriktig budskap til alle mennesker ifra Gud, som ikke ønsker at en eneste sjel skal falle inn i dypet av helvete! Du vil oppleve en beretning som aldri før har blitt avslørt om den grusomme virkeligheten til det Lavere Dødsrike og helvete.

Ånd, Sjel og Kropp I & II

En reisehåndbok som gir oss åndelig forståelse angående ånden, sjelen, og kroppen, og som hjelper oss å finne hva slags 'ego' vi har laget, slik at vi kan få makten til å seire over mørket og bli et åndelig menneske.

Troens Målestokk

Hva slags oppholdssted, kroner og belønninger blir forberedt for deg i himmelen? Denne boken gir deg visdom og veiledning slik at du kan måle din tro og kultivere den beste og mest modne troen.

Våkn Opp Israel

Hvorfor har Gud holdt øye med Israel helt fra verdens begynnelse og til denne dagen? Hva slags forsyn har Han forberedt for Israel de siste dagene, de som venter på Messias?

Mitt Liv, Min Tro I & II

Den vakreste åndelige duften fra livet som blomstret sammen med en uforlignelig kjærlighet for Gud, midt i de mørke bølgene, kalde åkene og de dypeste fortvilelsene.

Guds Makt

Dette er noe som en må lese og som gir oss en nødvendig veiledning hvor en kan ha sann tro og erfare Guds vidunderlige makt.

www.urimbooks.com

www.ingramcontent.com/pod-product-compliance
Lightning Source LLC
LaVergne TN
LVHW041801060526
838201LV00046B/1085